Die Dividenden-Strategie

DIE DIVIDENDEN STRATEGIE

Heinz-Peter Arndt · Birgit Wetjen

Stiftung Warentest

Der Traum vom passiven Einkommen

Geld erhalten, ohne zu Arbeiten – wie Sie Ihren eigenen Bedarf dafür berechnen, erfahren Sie hier.

Dividenden-Aristokraten

Einige Unternehmen schütten seit Jahrzehnten Dividenden aus und erhöhen sie regelmäßig. Aber auch weitere Kennzahlen sind wichtig.

Entnahmepläne passend gestaltet

In der Auszahlphase können Sie fixe oder variable Summen entnehmen – oder sie etwa jährlich an die Inflationsrate anpassen.

33

95

113

Inhalt

01

Von Aktien leben?

Von Aktien leben – was heißt das?

Aktieninvestments bieten langfristig die besten Renditechancen. Wer clever investiert und die richtige Strategie für die Auszahlung wählt, kann von attraktiven Zusatzrenten profitieren.

Der Traum vom attraktiven Zusatzeinkommen oder lebenslanger finanzieller Sicherheit ist bei vielen Menschen tief verankert.

Die einen spielen dafür Lotto, in der Hoffnung auf finanzielle Freiheit durch den Hauptgewinn. Andere kaufen Lose bei diversen Lotterien und spekulieren auf eine lebenslange Rente. Wieder andere gehen vielleicht riskante Investments ein, setzen alles auf eine Karte – in der Hoffnung, einen Highflyer à la Apple zu finden.

Doch diese Rechnungen gehen selten auf. Die Chance auf einen Lottogewinn mit sechs Richtigen plus Zusatzzahl liegt bei 1:140 Millionen; bei der lebenslangen Rente sieht es nur unwesentlich besser aus.

Glücksspiele sind keine sichere Investition in die Zukunft. Wer planbare Einnahmen wünscht, muss andere Wege gehen. Viele Deutsche setzen auf Sparkonten, Festgelder, Sparbriefe oder sie parken ihr Geld auf Girokonten – ganz ohne Verzinsung. Was das für Ihren Vermögensaufbau heißt, lesen Sie im Kapitel „Ziele und Bedarf" ab Seite 24. Andere sichern sich mit einer kapitalbildenden Versicherung ab, die im Rentenalter eine monatliche Zusatzrente garantiert.

Alles ist möglich, doch es geht einfacher und vor allem kostengünstiger: Sie können von Aktien leben. Wenn Sie frühzeitig beginnen, ein Aktiendepot aufzubauen, oder wenn Sie einen größeren Betrag erben oder bereits ein kleines Vermögen beisammen haben, können Sie sich ihre eigene Zusatzrente bauen.

Von Aktien leben – mit Dividenden und Entnahmeplänen

Von Aktien leben – wie kann das gehen? Im Prinzip ist es einfach. Mit Aktieninvestments können Sie sich eine Zusatzrente aufbauen – per Ausschüttungen oder Entnahmen.

Aktien sind Anteilsscheine von Unternehmen. Als Teilhaberin beziehungsweise Teilhaber an einem oder vielen Unternehmen partizipieren Sie am Unternehmensgewinn. Ist das Geschäftsmodell gut und erwirtschaftet das Unternehmen Gewinn, hat das Unternehmen mehrere Möglichkeiten: Es kann den Überschuss investieren – etwa in Forschung und Entwicklung, neue Maschinen, Produktionsstätten oder in den Aufbau neuer Märkte. Es kann mit einem Teil des Gewinns aber auch Aktien zurückkaufen, was den Wert der ausgegebenen Aktien erhöht – oder aber einen Teil des Gewinns an die Anteilseigner ausschütten.

Diese Gewinnausschüttung, im Fachjargon Dividende, liefert Aktienbesitzern ein regelmäßiges Einkommen, ohne dass sie einen Anteil verkaufen müssen, sprich, ohne den eigenen Aktienbestand zu schmälern. Das heißt: Die Anzahl Ihrer Aktien an diesem Unternehmen im Depot bleibt erhalten und Sie können weiterhin mit allen Anteilen von möglichen Kursgewinnen profitieren.

Wie viel Vermögen ist notwendig für eine auskömmliche Dividendenzahlung?

Um per Dividenden auf eine attraktive monatliche Zusatzrente zu kommen, ist allerdings ein großes Vermögen erforderlich. Wer eine Million in Dividendenwerten investiert hat, kann bei angenommenen 3 Prozent Ausschüttung p.a. jährlich eine Zusatzrente in Höhe von etwa 30 000 Euro erwarten. Das sind 2500 Euro im Monat – vor Steuern. Wer mehr will, braucht entsprechend mehr Kapital (siehe Kapitel „Dividenden und passives Einkommen“, ab Seite 80).

Aber auch ohne einen hohen Kapitalstock können Sie sich aus Ihrem Aktienvermögen eine attraktive Zusatzrente auszahlen. In diesem Fall wird das Kapital in der Regel abgeschmolzen und im Extremfall über die Jahre aufgebraucht. Eine solche Aktienrente ist per Entnahmeplan möglich. Ein Entnahmeplan funktioniert ähnlich wie ein Sparplan beim Vermögensaufbau – nur eben umgekehrt.

Mit Sparplänen ein Vermögen aufbauen

Mit einem Sparplan investieren Sie regelmäßig einen gleichbleibenden Betrag in Einzelaktien, klassische Fonds oder börsengehandelte Indexfonds (Exchange Traded Funds oder kurz: ETF) – und zwar monatlich, viertel-, halbjährlich oder gar jährlich.

Der positive Effekt: Das Geld wird zum vereinbarten Termin unabhängig vom Stand der Börsen automatisch von Ihrem Konto abgebucht und investiert. So ein Dauerauftrag für Ihre Investitionen schont die Nerven, weil Sie nicht permanent darüber nachdenken müssen, ob es Sinn macht, jetzt Aktien zu kaufen oder zu verkaufen. Sie können sich – eine breit gestreute Anlage vorausgesetzt – auch in turbulenten Börsenphasen entspannt zurücklehnen, denn wenn die Börsen schwächeln, erhalten Sie einfach mehr Anteile für Ihr Geld, die dann am Ende von einer Erholung profitieren.

Zeit ist Geld

Je eher Sie mit dem Vermögensaufbau per Sparplan starten, desto besser: Zeit ist bei der Geldanlage bares Geld, weil Zins- und Zinseszins vor allem über lange Anlagezeiträume für Sie arbeiten.

Mit einer guten und breit diversifizierten Aktienanlage wird sich Ihr Kapital mit hoher Wahrscheinlichkeit vor allem auf lange Sicht deutlich vermehren (siehe auch Kapitel „Ziele und Bedarf", Seite 24).

Per Entnahmeplan können Sie sich aus dem angesparten Vermögen dann eine monatliche Zusatzrente auszahlen. Der Vorteil: Das angesparte Kapital wird durch die Entnahmen zwar weniger, aber nur um die Entnahme. Der Rest des investierten Kapitals arbeitet weiter für Sie.

VARIANTE WÄHLEN: Welche Variante für Sie die richtige ist, hängt von Ihrer persönlichen Lebenssituation, Ihrem Alter und Ihren Zielen ab. Hierzu lesen Sie im Kapitel „Entnahmepläne – genau geplant und gesteuert" ab Seite 107 mögliche Szenarien.

Vorteile gegenüber Versicherungspolicen und Sparanlagen

Geringe Kosten, hohe Flexibilität und die Aussicht auf attraktive Renditen: Aktieninvestments sind für den langfristigen Vermögensaufbau überlegen.

Bei der Geldanlage müssen Sie sich entscheiden: Wollen Sie flexibel bleiben, wünschen Sie ein hohes Maß an Sicherheit oder vor allem eine hohe Rendite? Alles zusammen ist nicht zu realisieren, wie das magische Dreieck der Geldanlage zeigt. Wer flexibel bleiben und jederzeit über sein Geld verfügen können möchte, kann keine hohe Rendite erwarten. Wer Sicherheit und Planbarkeit als wichtigstes Kriterium sieht, muss gleichfalls bei der Rentabilität und eventuell auch bei der Verfügbarkeit Abstriche machen. Und wer vor allem Rendite anstrebt, muss Risiken akzeptieren.

Wie heißt es so schön: „There is no free lunch" an der Börse – in effizienten Märkten gibt es keinen risikolosen Gewinn. Was aber ist Risiko? Bei der Geldanlage wird Risiko in Schwankungen gemessen. Aktien und Aktienfonds gelten deshalb als Risikopapiere, weil die Börsenkurse nach oben ziehen und wieder korrigieren. In der Vergangenheit haben Aktieninvestments auf lange Sicht zwar langfristig hohe Renditen eingefahren, aber Garantien gibt es bei diesen Papieren nicht.

Was sind Ihre Anlageziele?

Der Zielkonflikt zeigt, wie wichtig es ist, dass Sie Ihre Anlageziele definieren und eine Anlagestrategie entwickeln, die zu Ihnen und Ihren Zielen passt. Wenn Sie beispielsweise planen, in den kommenden Jahren eine Immobilie zu kaufen, sind Sie mit reinen Aktieninvestments nicht gut aufgestellt.

Zwar versprechen die Anteilsscheine über lange Zeiträume eine hohe Rendite. Aber wenn es an den Börsen turbulent wird und die Kurse an den Aktienmärkten einbrechen, kann es unter Umständen lange dauern, bis das alte Kursniveau wieder erreicht wird. Nach dem Platzen der Internetblase zur Jahrtausendwende mussten Anleger etwa sieben Jahre warten, bis der MSCI World sein Vorkrisenniveau erreicht hatte; nach dem Platzen der US-Immobilienblase und der dadurch ausgelösten Finanzkrise dauerte es gut fünf Jahre.

Wenn Sie auf absehbare Zeit Kapital für einen Immobilienkauf benötigen, Ihr Geld also schnell oder unter Umständen sogar kurzfristig verfügbar sein soll, ist Tagesgeld die bessere Wahl. Wenn Sie dagegen zu einem bestimmten Termin liquide sein möchten, etwa in drei Jahren, weil dann ein Kredit abgelöst werden soll, kommt eventuell Festgeld für Sie in Frage. Beim Festgeld zahlen Sie, für eine vorher festgelegte Zeit, einen Geldbetrag auf ein Festgeldkonto ein. Dafür bekommen Sie in der Regel höhere Zinsen, als für Tagesgeld, aber Sie können vor Ablauf der Laufzeit nicht über Ihr Geld verfügen.

Sicherheit und Planbarkeit bieten auch Staatsanleihen von Emittenten mit hoher Bonität. Wer in diese Papiere investiert, erhält einen vorab festgelegten Zins – und am Ende der Laufzeit das eingezahlte Kapital zurück. Zwar werden Anleihen während der Laufzeit gehandelt, Investoren bleiben also flexibel. Allerdings kann der Kurs oberhalb oder unterhalb des Nennwerts notieren. Folglich sind Kursgewinne, aber auch Verluste möglich.

Deutsche setzen zu stark auf Sicherheit

Mit breiten Investitionen am Aktienmarkt sind auf lange Sicht hohe Renditen möglich. Doch die Präferenzen der Deutschen sind andere. Laut Deutscher Bundesbank betrug das Geldvermögen der privaten Haushalte in Deutschland Ende 2023 satte 7.946 Milliarden Euro. Nur gut ein Viertel (26 Prozent) davon ist in Aktien und Fonds investiert. Gut 40 Prozent oder 3.178 Milliarden Euro wurden dagegen als Bargeld oder sogenannte „Sichteinlagen" gehalten. Dies ist das Geld, das auf Giro-, Tagesgeld-, kurzfristigem Festgeld oder Sparkonten schlummert und jederzeit beziehungsweise mindestens binnen eines Monats verfügbar ist. Verfügbarkeit ist hier ein wichtiges Motiv, aber oftmals auch Sicherheit.

Denn Guthaben bei privaten Banken innerhalb der EU sind bis zu 100 000 Euro pro Bank und Person durch die Entschädigungseinrichtung deutscher Banken (EdB) geschützt. Das ist Pflicht. Manche Banken sichern freiwillig höhere Summen ab. Ob Sparkonto, Tages- oder Festgeld: Die Rendite tritt bei diesen Anlageformen in den Hintergrund. Denn eine attraktive Verzinsung ist mit Sichteinlagen nicht zu erwarten (siehe „Ziele und Bedarf", Seite 24).

Ein nicht unwesentlicher Anteil des privaten Geldvermögens ist in Versicherungs-, Alterssicherungs- und Standardgarantiesysteme investiert. Dies sind kapitalbildende Renten- oder Lebensversicherungen, auch im Rahmen der betrieblichen Altersversorgung und ebenso im Mantel von Riester- oder Rürup-Renten.

Das Kalkül der Vertragsnehmer: Neben der gesetzlichen Rente gibt es im Rentenalter eine garantierte private Zusatzrente, so dass das Auskommen im dritten Lebensabschnitt für ein sorgenfreies Leben reicht. Diese Rechnung ging mit privaten Renten- oder Lebensversicherungen über viele Jahre auf. Diese Kombination bot nicht nur ein hohes Maß an Sicherheit, sondern die Policen haben sich auch gerechnet. Denn bis 2004 waren Auszahlungen aus kapitalbildenden Lebens- oder Rentenversicherungen nach zwölf Jahren Haltedauer steuerfrei. Zudem haben die Versicherten von attraktiven Zinsen und Überschussbeteiligungen profitiert. Über eine lange Ansparphase haben Zins- und Zinseszins also für einen ordentlichen Anstieg des Kapitals gesorgt, das steuerfrei ausgezahlt werden konnte. Die hohen Kosten der Policen fielen da kaum auf.

Das war einmal. Wer nach 2004 eine kapitalbildende Renten- oder Lebensversicherung abgeschlossen hat, muss gleich doppelt in den sauren Apfel beißen: Die Auszahlung unterliegt der Steuer, und die Verzinsung ist unattraktiv. Zunächst zur Steuer.

Entscheiden Sie sich für eine Kapitalauszahlung, zahlen Sie Abgeltungssteuer – 25 Prozent der Kapitalerträge gehen dann bei Auszahlung direkt an das Finanzamt. Ausnahme: Wenn Sie sich das Kapital auszahlen lassen, mindestens 62 Jahre alt sind (60 Jahre bei Vertragsabschluss vor 2012) und Ihr Vertrag mindestens zwölf Jahre gelaufen ist, gilt das sogenannte Halbeinkünfteverfahren. Bei dieser sogenannten 12/62-Regelung unterliegt die Hälfte des erzielten Ertrages Ihrem persönlichen Steuersatz.

Wer sich für eine lebenslange Rente entscheidet, versteuert lediglich einen Teil der Privatrente mit dem persönlichen Steuersatz. Wie hoch der Rentenanteil ist, der der Steuer unterliegt, hängt vom Alter bei Beginn der Rentenzahlung ab. Wer mit 60 in Rente geht, muss 22 Prozent der Privatrente versteuern. Bei Rentenstart mit 67 Jahren sind nur 17 Prozent der Privatrente steuerpflichtig.

Rendite aus 20 Jahren

Simulierte Einmalanlage über 20 Jahre. 50% Sicherheitsbaustein mit Tagesgeld, 50% Renditebaustein mit MSCI-World-ETF. Berücksichtigung von Handelskosten bei Umschichtungen, ohne Steuern. Risiko und Aufwand beziehen sich auf 20-Jahreszeitraum.

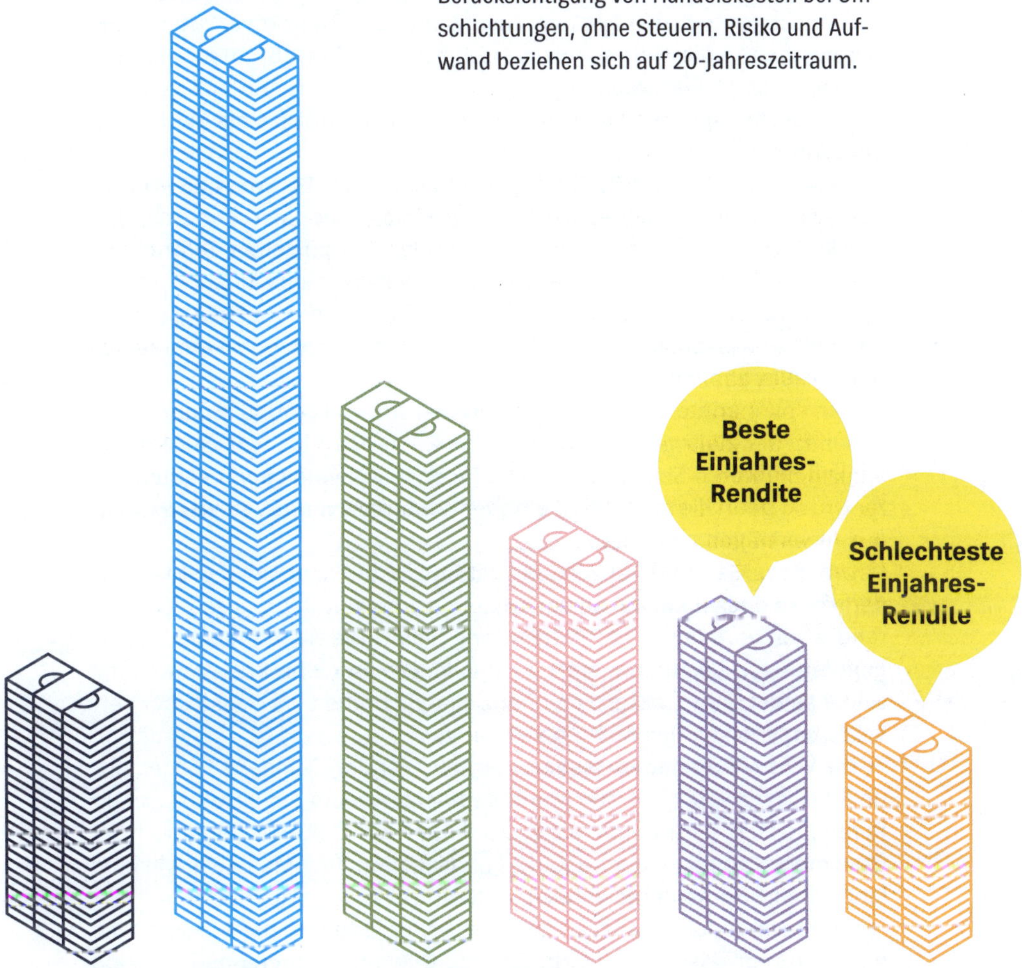

Aus angelegten 10 000 Euro wurden bis Ende 2024 …

32 071 Euro
20 Jahre
(seit 2004)
6,0 % p.a.

19 127 Euro
10 Jahre
(seit 2014)
6,7 % p.a.

14 558 Euro
5 Jahre
(seit 2019)
7,8 % p.a.

11 770 Euro
1 Jahr
(nur 2024)
17,7 % p.a.

8140 Euro
1 Jahr
(nur 2008)
−18,6 % p.a.

Die längste Verlustphase im Beispiel: 3,5 Jahre

Stand: 30.11.2024. Quelle: LSEG, eigene Simulationen.

Steuern und Niedrigzinsphase machen die Rentenversicherung unattraktiver

Durch die Besteuerung haben kapitalbildende Versicherungen an Attraktivität eingebüßt. Ganz unattraktiv wurden die versicherungsgebundenen Zusatzrenten aber erst im Nachgang der Finanzkrise 2007/2008. Damals haben die Notenbanken – zunächst in den USA, dann auch in Europa – die Geldschleusen geöffnet und die Zinsen gen null gesenkt, um einen Kollaps des Finanzsystems abzuwehren und die Wirtschaft anzukurbeln.

Zwischen 2008 und 2016 fiel der Leitzins in der EU von 4,25 Prozent auf null – ein historisches Novum. Der Einlagezins, also der Zins, den Banken erhalten, wenn sie ihr Geld bei der Europäischen Zentralbank parken, rutschte sogar ins Negative und lag zwischenzeitlich bei minus 0,5 Prozent. Banken mussten also Geld dafür zahlen, ihre Einlagen in Sicherheit zu wissen. In diesem Umfeld sind kapitalbildende Garantieprodukte kaum abbildbar.

Der sogenannte Höchstrechnungszins, im Volksmund Garantiezins genannt, der zwischen Juli 1994 bis Juli 2000 noch bei vier Prozent lag, sank in mehreren Schritten auf 0,25 Prozent. Die Versicherer kamen unter Druck, denn sie mussten die hohen Garantien von bis zu vier Prozent aus Altverträgen bedienen.

Um diese Garantien abzubilden, ist im Zinstief sehr viel Kapital erforderlich, so dass nach Abzug der Kosten kaum Kapital für Investitionen in renditestarke Anlagen wie Aktien übrig bleibt. Die hohen Kosten schlagen demnach besonders stark zu Buche. Die jährliche Standmitteilung zeigte selbst dem größten Fan finanzieller Sicherheit via klassischer Versicherungspolice: Das rechnet sich nicht.

Die Versicherer haben deshalb vermehrt fondsgebundene Policen ohne Beitragsgarantie auf den Markt gebracht. Anders als bei klassischen Rentenpolicen wird damit nicht der Erhalt der Beiträge garantiert, so dass mehr Kapital in renditestarke Fonds fließen und nach Ablauf in eine lebenslange Rente umgewandelt werden kann.

Diese Fondspolicen eignen sich für sicherheitsorientierte Bürger, die mit Fonds für das Alter sparen und die Gewinne steuergünstig in eine monatliche Rente umwandeln möchten. Nur wenige aber sind laut Test der Stiftung Warentest so gut, dass sie als Alternative zum günstigen Fondssparplan taugen.

Aktien – für den Vermögensaufbau unverzichtbar

Wenn Sie langfristig planen und Vermögen für das Alter aufbauen möchten, können Sie zugunsten der Rendite eventuell höhere Anlagerisiken eingehen. In diesem Fall haben Sie die Zeit, mögliche Kursdellen „auszusitzen". Vorausgesetzt natürlich, dass Ihr Investment nicht an ein Unternehmen gebunden ist, sondern dass Sie breit aufgestellt sind.

Die Rendite-Dreiecke des Deutschen Aktieninstituts zeigen durchschnittliche Renditen für jeden Anlagezeitraum auf. Ob Einmalanlage oder Sparplan, ob DAX 40 oder der breit gestreute Weltindex MSCI World, der rund 1400 Unternehmen aus 23 Industriestaaten bündelt: Es gibt nur sehr wenige Anlagezeiträume mit negativen Renditen.

Dividenden machen auf lange Sicht beim Weltaktienindex rund 30 Prozent, in Europa fast die Hälfte der Gesamtrendite von Aktieninvestments aus und sind ergo ein wichtiger Renditebringer. Aber nicht alle Unternehmen schütten einen Teil ihrer Gewinne an die Aktionäre aus.

Schnell wachsende Technologieunternehmen etwa investieren ihre Gewinne traditionell eher in Wachstum. Mit diesen Aktien profitieren Investoren vor allem vom Kursanstieg. Aber es gibt Unternehmen, die ihren Anteilseignern über Jahre oder Jahrzehnte Dividenden ausschütten. Als besonders vertrauenswürdig gelten sogenannte Dividenden-Aristokraten, die ihre Ausschüttungen seit 25 Jahren Jahr für Jahr steigern konnten.

Ein Investment in einen einzigen starken Dividendenwert ist allerdings mit Risiken behaftet. Am Beispiel ist der deutsche Agrochemie- und Pharmakonzern Bayer. Seit 2003 zog die Dividende nahezu kontinuierlich von 0,50 Euro auf 2,80 Euro nach oben, verharrte dort bis 2020 und ging dann auf 2,00 bzw. 2,40 Euro in 2023 zurück. Das ehemals gesunde Unternehmen ist nach der Übernahme des US-Konzerns Monsanto hoch verschuldet und muss nach Klagen von Glyphosat-Opfern Schadensersatzzahlungen in zweistelliger Milliardenhöhe leisten. Dann floppte die Medikamentenhoffnung Asundexian. Fazit: Bayer ist hoch verschuldet, der Aktienkurs brach ein – und die Dividende wurde auf 0,11 Euro gekürzt.

BREIT STREUEN STATT EINZELN AUSWÄHLEN: Wer auf Einzelwerte setzt, geht hohe Risiken ein. Ein breit gestreutes Aktienportfolio, wie etwa im MSCI World Index mit insgesamt rund 1400 Unternehmen, federt solche Einzelwertrisiken ab.

Dividenden als Beimischung: 20 Prozent des Renditebausteins

Basis sollte immer ein Welt-Aktien-ETF sein (blau). Beimischungen (weiß) sollten insgesamt nicht mehr als 20 Prozent des Renditebausteins ausmachen. Fällt ihr Anteil unter 10 Prozent oder übersteigt er 30 Prozent, sollten Sie die Mischung auf das ursprüngliche Maß zurücksetzen.

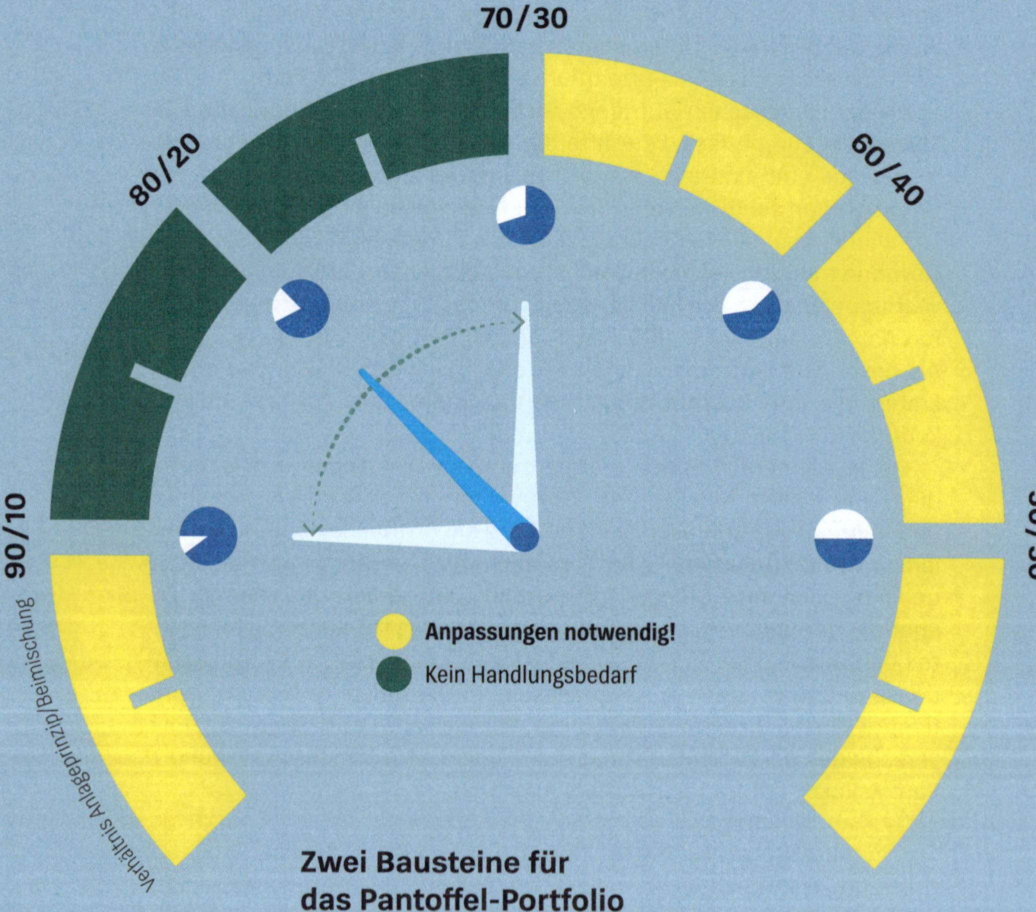

Zwei Bausteine für das Pantoffel-Portfolio

Dargestellt ist der Renditebaustein. Zusammen mit dem Sicherheitsbaustein bildet er das Pantoffel-Portfolio (siehe S. 40). Liegen beispielsweise 10 000 Euro im Renditebaustein, können Sie davon zum Start 2000 Euro für eine Beimischung mit Dividenden-ETF nutzen.

Starke Börsen

Schwankungsarme Anlagen und Zinspapiere haben im Zinstief der vergangenen Jahre an Attraktivität verloren (siehe Kapitel „Ziele und Bedarf", Seite 24). Auf der anderen Seite haben die wirtschaftlichen Entwicklungen für einen starken Boom an den Börsen gesorgt.

Über die vergangenen 20 Jahre hat der MSCI World jährlich im Schnitt um 9,4 Prozent im Jahr zugelegt; über 15 Jahre steht im Schnitt sogar ein Plus von 13,5 Prozent p.a. zu Buche. Wer 15 Jahre monatlich 250 Euro in den MSCI World Index investiert hat, hat insgesamt 45000 Euro eingezahlt – und 88912 Euro Gewinn eingefahren. Vor Kosten und Steuern.

Die Kosten eines ETF-Sparplans sind bei vielen Anbietern sehr gering und fallen kaum ins Gewicht. Um die Abgeltungssteuer führt allerdings wie bei allen Kapitalerträgen kein Weg vorbei. 25 Prozent Kapitalertragssteuer plus 5,5 Prozent Solidaritätszuschlag, also 26,375 Prozent des Gewinns, gehen spätestens beim Verkauf der Aktienposition ans Finanzamt. In der Beispielrechnung macht das also 23451 Euro plus gegebenenfalls Kirchensteuer (siehe „Alles dreht sich um die Rendite", S. 48).

Weitere Vorteile

Höhere Renditen, geringere Kosten: Beim Vermögensaufbau kommt man an Aktieninvestments kaum vorbei. Zumal über lange Zeiträume: Zins- und Zinseszins sorgen dafür, dass schon ein kleines Rendite-Plus p.a. am Ende für einen großen Vermögens-Unterschied sorgt (siehe „Ziele und Bedarf", ab Seite 24).

Mit der selbst aufgebauten Aktienrente bleiben Sie zudem finanziell flexibel, weil Ihr Geld, anders als mit einer Versicherungspolice, nicht vertraglich gebunden ist. Sie können Ihre Aktieninvestments jederzeit verkaufen, wenn Sie Kapital benötigen. Oder einfach aufstocken, wenn mehr Geld für die Altersversorgung übrig ist. Beim Verkauf kann es sein, dass Sie Gewinne oder aber auch Verluste realisieren – Garantien gibt es bei Aktienanlagen nicht. In den letzten 50 Jahren dauerte die längste Verlustphase für breit gestreute Aktienanlagen 13 Jahre. Ein weiteres Plus: Sie können Ihr Aktienvermögen an Ihre Nachfahren vererben. Bei einer Versicherung ist das nur eingeschränkt möglich, weil sie dem Grundsatz nach als Leibrente konzipiert ist.

Das heißt: Der Versicherte – und nur der Versicherte – erhält eine lebenslange Rente. Sie können jedoch eine Rentengarantiezeit vereinbaren. In dieser Zeit wird die Rente im Falle Ihres Ablebens auch an andere ausgezahlt. Aber solche Zusatzvereinbarungen sind teuer und schmälern die Rendite.

Wenn Sie sich dazu entscheiden, Ihre Altersversorgung über die Börse selbst in die Hand zu nehmen, können Sie wählen: zwischen der Dividenden-Rente und der Rente aus einem Entnahmeplan. Wichtig ist, dass die gewählte Strategie zu Ihren Bedürfnissen passt. Ein wesentliches Kriterium für die passende Wahl ist, ob bereits Vermögen vorhanden ist – oder ob Vermögen aufgebaut werden muss.

Sie sind jung und wollen Vermögen aufbauen? So gehen Sie vor!

Um von Aktien leben zu können, muss ein kleines Vermögen verfügbar sein. Wer jung ist, baut den Kapitalstock per ETF-Sparplan auf.

Zu jung, um an das Alter zu denken? Das gibt es nicht! Denn beim Vermögensaufbau ist Zeit bares Geld – jedes zusätzliche Jahr, das Ihr Geld für Sie arbeiten kann, macht einen großen Vermögens-Unterschied. Deshalb ist es sinnvoll, bereits in jungen Jahren mit dem Vermögensaufbau zu beginnen.

Wie Sie vorgehen? Verschaffen Sie sich zunächst einen Überblick über monatliche Einnahmen und Ausgaben. So ein Kassensturz hilft dabei, Sparpotenzial zu erkennen. Wie hoch sind Ihre Fixkosten wie Miete, Versicherungen, Steuern und so weiter? Wie viel Geld steht Ihnen nach Abzug aller fixen Kosten monatlich zur Verfügung? Was ist Ihnen wichtig? Und wofür geben Sie vielleicht ganz unbemerkt nebenbei Geld aus? Ein tägliches Brötchen beim Bäcker oder ein täglicher Kaffee to go unterwegs: Schreiben Sie alles auf und checken Sie, auf welche Ausgaben Sie unter Umständen ohne große Einbußen der Lebensqualität verzichten können. Dieses Geld könnte zusätzlich in einen Investment-Sparplan fließen.

Grundregeln beachten

Bevor Sie mit dem Aufbau Ihres Aktienvermögens beginnen, sollten Sie ein paar Grundregeln beachten. Die erste: Sichern Sie Ihre Arbeitskraft mit einer Berufsunfähigkeitsversicherung ab, denn Ihre Arbeitskraft ist Ihr größtes Kapital. Die zweite: nie auf Kredit investieren, sondern im Gegenteil eine Liquiditätsreserve von zwei bis drei Monatsgehältern verfügbar auf einem Tagesgeldkonto parken.

Falls Sie Ihren Dispo ausschöpfen oder Konsumschulden haben: Bauen Sie sämtliche Schulden ab, bevor Sie starten. Denn für die Kredite zahlen Sie je nach Marktphase mehr, als Sie gerade am Aktienmarkt verdienen können. Ausgenommen sind Hypotheken: Die Schulden aus Immobilienfinanzierungen sind Investitionen.

Für den langfristigen Vermögensaufbau eignen sich ETF-Sparpläne. ETF sind börsengehandelte Fonds (siehe das Kapitel „Alles dreht sich um die Rendite“, ab Seite 48). Sie bilden meist einen Index beziehungsweise die Wertentwicklung eines Index ab. Damit unterscheiden sie sich von klassischen Fonds, bei denen ein Manager oder eine Managerin darüber entscheidet, welche Aktien in das Fonds-Portfolio kommen.

Für das Management berechnet der Fondsanbieter eine Managementgebühr, die bei Aktienfonds meist zwischen 1,5 und 2 Prozent liegt. Bei einigen Anbietern kommen auch noch ein Ausgabeaufschlag und eine sogenannte Performance-Fee hinzu.

Das heißt, wenn der Fonds eine bestimmte Performance überschreitet, geht ein Teil davon an das Management. Der Ausgabeaufschlag von bis zu 5,5 Prozent wird einmalig beim Kauf berechnet. Den müssen Sie aber nicht überall zahlen, denn es gibt Broker, die auf diese Kaufgebühr verzichten oder sie deutlich reduzieren.

Eine Managementgebühr wird dagegen immer erhoben, und diese Kosten müssen zunächst erwirtschaftet werden, bevor Sie mit Ihrem Investment in die Gewinnzone fahren. Genau wie das Guthaben beim Vermögensaufbau wirken auch die Kosten über die Laufzeit exponentiell: Sie reduzieren die Rendite erheblich!

Je mehr Kapital in den Vermögensaufbau fließt, desto besser – dem Zinseszins sei Dank (siehe „Ziele und Bedarf“, S. 24). Frühzeitige Kapitalentnahmen mögen zwar zwischenzeitliche Anschaffungen erleichtern und für kleine Freuden im Alltag sorgen. Sie reduzieren aber den Effekt des langfristigen Kapitalaufbaus. Schon zu Beginn des Vermögensaufbaus in Dividendenaktien oder -fonds zu investieren und die Ausschüttungen zu verfrühstücken, ergibt deshalb keinen Sinn. Besser: Dividenden direkt reinvestieren. Thesaurierende Fonds oder ETF legen die Ausschüttungen der Unternehmen automatisch wieder an, so dass das Kapital schnell wächst.

Wichtig zu wissen: Für den Vermögensaufbau müssen Sie nicht gezielt in Dividendenwerte investieren. Ein Sparplan auf einen breit gestreuten und kostengünstigen ETF sorgt bei einer langfristigen Geldanlage für das beste Chance-Risiko-Profil. Wie Sie vorgehen, lesen Sie im Kapitel „Dividenden und passives Einkommen", S. 80.

Zusatzrente kurz vor Renteneintritt? So gehen Sie vor!

ETF auf den MSCI World Index und Dividenden-Indizes ermöglichen regelmäßige Ausschüttungen. Wer schon Aktienvermögen aufgebaut hat, fährt besser mit einem Entnahmeplan.

Der Vermögensaufbau liegt hinter Ihnen. Sie haben bereits ein kleines Vermögen als Sparguthaben auf einem Konto oder aber als Aktienvermögen im Depot und möchten daraus eine Zusatzrente ziehen? In diesem Fall sieht die Situation anders aus. Die Ansparphase ist weitgehend abgeschlossen. Anders als bei der jüngeren Generation ist ein ausreichendes Anlagekapital, das für angemessen hohe Ausschüttungen sorgen kann, oft durchaus vorhanden – und sehr häufig noch nicht in Wertpapieren investiert.

Viele Menschen in diesem zumeist fortgeschrittenen Alter haben bedeutende Reserven auf Tages- und Festgeldkonten angesammelt. Zwar ist es wichtig, jederzeit eine „eiserne Reserve" vorzuhalten, um unerwartete Ausgaben stemmen zu können. Oft jedoch ist das Polster deutlich größer als nötig. Dieses ruhende Kapital wirft nur in Ausnahmesituationen Zinsen ab, die über der Inflationsrate liegen.

Vermögenszuwächse durch Kapitallebensversicherungen und Erbschaften

Wenn Sie der Generation der Babyboomer angehören, profitieren Sie eventuell von anstehenden Auszahlungen aus einer Lebensversicherung. Denn die war über viele Jahre das private Vorsorgeinstrument Nummer eins. Zwar gehen die Neuabschlüsse kontinuierlich zurück, aber laut dem Bundesverband der Versicherungswirtschaft gibt es noch immer 81,4 Millionen Verträge im Bestand – rein rechnerisch hat damit fast jeder der 84 Millionen Bundesbürger eine Police.

Viele dieser älteren Kapitallebensversicherungen garantierten noch Mindestverzinsungen von drei Prozent oder mehr auf den Sparanteil. Dazu kamen satte Überschussbeteiligungen. Die Policen kommen jetzt bei vielen Rentenanwärtern zur Auszahlung und sorgen für einen kräftigen Vermögensschub.

ÄLTERE ERBEN: Angesichts der in den letzten Jahrzehnten zunehmend gestiegenen Lebenserwartung hat sich auch der Zeitpunkt des Erbens verschoben. Mussten sich früher viele Menschen zwischen 40 und 50 Jahren von ihren Eltern verabschieden, haben sie heute zu diesem Zeitpunkt oft schon selbst das Rentenalter erreicht oder stehen kurz davor.

Die Aufbaugeneration hat in der Regel sparsam gelebt. Nicht nur die Spitzenverdiener, sondern auch ganz normale Arbeitnehmer und Angestellte, konnten ein kleines Vermögen aufbauen oder wohnten zumindest in der eigenen Immobilie. In Deutschland wurden laut Statistischem Bundesamt (Destatis) 2023 rund 121,5 Milliarden Euro vererbt oder per Schenkung übertragen. Davon gibt es viele fünf- und sechsstellige Vermögen, die den Erben zufließen.

Neuausrichtung der Anlagestrategie zum Ruhestand

Vor dem Renteneintritt macht es Sinn, die langfristige Anlagestrategie neu auszurichten. Wenn größere Summen zufließen, lässt sich der Ruhestand finanziell gut absichern. Denn mit einem größeren Kapitalstock aus Sparanlagen, Versicherungsauszahlung oder Ererbtem sind unterschiedliche Investitionen möglich, um langfristig „passives Einkommen" zu erzielen. Häufig wird zum Beispiel eine Neuanlage in eine sofort auszahlende Rentenversicherung empfohlen. Diese Rentenpolicen werden von konservativen Kunden (und insbesondere von der Versicherungswirtschaft) geschätzt. Sie haben den Vorteil der Sicherheit. Kunden können sich lebenslang auf monatliche Zahlungen verlassen und gegebenenfalls auch eine Dynamisierung vereinbaren. Aber solche Rentenversicherungen haben drei Nachteile.

Zum Ersten ist die Rendite vergleichsweise gering, denn die Einlagen werden von den Versicherungsgesellschaften konservativ verwaltet und weitgehend in festverzinsliche Wertpapiere investiert. Trotz der zuletzt gestiegenen Zinsen ist die Rendite dieser Anleihen nicht mit den langfristigen Möglichkeiten am Aktienmarkt vergleichbar.

Zum Zweiten kalkulieren die Versicherer mit sehr langen Lebenszeiten. Um auch nur die eingezahlte Summe (ohne jede Rendite) durch Rentenzahlungen ausgezahlt zu bekommen, müssen die Kunden in der Regel rund 90 Jahre oder älter werden.

Zum Dritten ist das in die Rentenversicherung eingezahlte Kapital nach dem Tod für die Erbenden in der Regel verloren – bei frühem Tod auch schon kurz nach Beginn der Police. Das lässt sich zwar verhindern, indem man längere Rentengarantiezeiten für Ehepartner und andere Erben vereinbart. Diese Sondervereinbarungen schmälern jedoch die ohnehin schon eher mageren Auszahlungen.

Ausschüttende ETF als attraktive Alternative

Sparguthaben beziehungsweise nicht investiertes Kapital können Sie in einen ausschüttenden Dividendenfonds oder Dividenden-ETF investieren. Die Zusatzrente wird also ausschließlich aus den Gewinnausschüttungen finanziert. Für 200 000 Euro investiertes Kapital können Sie bei angenommener Dividendenrendite von 3 Prozent mit einer Zusatzrente von 500 Euro pro Monat vor Steuern rechnen. Auch nach einer Erbschaft oder einem Immobilienverkauf machen Investments in ausschüttende Dividendenfonds oder Dividenden-ETF Sinn. Gleiches gilt, wenn Sie ein Erbe antreten oder eine Immobilie verkaufen. Denn je mehr Kapital zur Verfügung steht, desto höher fällt die Dividendenrente aus. Mehr zu ei-

ner guten Dividendenstrategie erfahren Sie im Kapitel „Dividenden und passives Einkommen", ab S. 80.
Wenn Sie allerdings bereits in thesaurierende Aktienfonds investiert sind, ist ein Entnahmeplan für Sie die erste Wahl. Denn die Umschichtung in ausschüttende Fonds oder ETF ist aus steuerlicher Sicht nicht zu empfehlen: Sie zahlen beim Verkauf Ihrer bestehenden Depotpositionen Abgeltungsteuer auf die Kapitalerträge, plus Solidaritätszuschlag und gegebenenfalls Kirchensteuer, so dass am Ende sehr viel weniger Kapital bleibt, aus dem Sie eine Dividendenrente generieren könnten. Wie Sie per Entnahmeplan zu einer attraktiven Zusatzrente kommen und wie sich das steuerlich im Vergleich zu einer Umschichtung in Dividendenwerte auswirkt, lesen Sie im Kapitel „Entnahmepläne – genau geplant und gesteuert", ab S. 107.

02

Ziele und Bedarf

Inflation und sinkende Kaufkraft

10 000 Euro können sich in 30 Jahren vervielfachen, wenn sie richtig investiert sind. Oder sich in ihrer Kaufkraft mehr als halbieren, wenn sie unverzinst auf dem Girokonto liegen. Prüfen Sie Ihren Bedarf nach Inflation!

Das Wort genügt, um uns Angst einzujagen: Inflation. Und das nicht erst seit Beginn des russischen Angriffskriegs auf die Ukraine, in dessen Folge vor allem der Preis für Energie in die Höhe geschossen ist. Offenbar hat sich die Hyperinflation der 1920er Jahre hierzulande ins kollektive Gedächtnis eingebrannt. Die Menschen in Deutschland haben damals erfahren: Ihr Geld ist von jetzt auf gleich nichts mehr wert. So kostete ein Ei am 9. Juni 1923 noch „bescheidene" 800 Mark, knapp sechs Monate später, am 2. Dezember, waren es satte 320 Milliarden! Wer ein Brot kaufen wollte, fuhr mit einer Schubkarre vor – die erforderliche Menge an Scheinen passte in kein Portemonnaie. Bei solchen Preissprüngen ist klar: Die Währung kann nicht überleben. Die Mark wurde im Zuge einer Währungsreform 1923 durch die Rentenmark, ab Oktober 1924 schließlich durch die Reichsmark ersetzt. Viele Deutsche haben ihr Erspartes damals komplett verloren.

Hintergründe zur Inflation

Selbst bei einer relativ geringen Inflationsrate wird Ihr Geld immer weniger wert. Bei hohen Preissteigerungen sinkt die Kaufkraft Ihres Vermögens massiv.

Eine Preisexplosion wie 1923 hat es in der Historie stets nur im Zusammenhang mit Krieg und massiver Zerstörung gegeben. Seit Bestehen der Bundesrepublik waren die Preise nahezu stabil. Im Jahr 1951 kletterten sie in der Spitze um gut sieben Prozent, in der ersten Hälfte der 1970er Jahre lag die Preissteigerung bei fünf bis sieben Prozent. Im Schnitt betrug die Inflationsrate laut Statistischem Bundesamt (Destatis) zwischen 1950 und 2022 moderate 2,4 Prozent. Nach Beginn des russischen Angriffskriegs auf die Ukraine schossen die Preise in Deutschland in die Höhe.

Der höchste Wert im Vergleich zum Vorjahresmonat wurde im Oktober 2022 mit 10,4 Prozent gemessen. Wer das Risiko einer Inflation nicht in die Vorsorgeplanung einbezieht, riskiert, am Ende nicht genug Geld zur Verfügung zu haben. Was genau ist eigentlich Inflation und was bedeutet ein Preisanstieg für Ihr Geld?

Inflation kommt aus dem Lateinischen von „inflare" und heißt so viel wie „aufblähen". In einer gesunden Volkswirtschaft stehen sich Güter- und Geldmenge in einem ausgeglichenen Verhältnis gegenüber. Steigt das Angebot an Gütern bei gleichbleibender Nachfrage, versuchen die Anbieter ihre Ware über einen günstigeren Preis zu verkaufen. Ist das Güterangebot dagegen knapp, übersteigt also die Nachfrage das Angebot, steigen die Preise. Bei einem Preisanstieg auf breiter Front spricht man von „Inflation".

Für die Preismessung ist in Deutschland das Statistische Bundesamt (Destatis) verantwortlich. Monat für Monat sind „Preiserheber" der Behörde unterwegs und holen die Preise von mehr als 300 000 Produkten ein. Aus den Daten wird der Verbraucherpreisindex ermittelt, aus dem die Inflationsrate abgeleitet wird. Wie hoch die Inflation ausfällt, hängt allerdings nicht nur davon ab, wie stark sich die Preise einzelner Produkte verändern.

Eine wichtige Rolle spielt auch, mit welchem Gewicht einzelne Waren und Dienstleistungen in den Verbraucherpreisindex eingehen. So spielt die Entwicklung der Mietpreise eine deutlich wichtigere Rolle als die Entwicklung des Preises für einen Friseurbesuch. Die Auswahl der gemessenen Güter und ihre Gewichtung im Warenkorb wird in Deutschland alle fünf Jahre angepasst. Inflation ist also kein fest zementierter Begriff. Der definierte Warenkorb beschreibt nicht den Konsum jedes Bürgers, die individuelle Inflation kann also höher oder niedriger ausfallen. Eine Einschätzung zu Ihrer ganz persönlichen Inflation bekommen Sie mit dem Inflationsrechner von Destatis https://service.destatis.de/inflationsrechner/index.html

Und auch von Staat zu Staat wird Inflation unterschiedlich definiert. In schwach entwickelten Volkswirtschaften sind Grundbedürfnisse wie Ernährung und Wohnen in der Regel höher gewichtet als in den entwickelten Industriestaaten. Für Deutschland gibt das Preiskaleidoskop einen aktuellen und guten Überblick: https://service.destatis.de/Voronoi/PreisKaleidoskop.svg

Was bedeutet Inflation für Ihr Geld?

Ist Inflation wirklich schlimm? Die Älteren haben vielleicht noch das Bonmot des damaligen Bundeskanzlers Helmut Schmidt im Ohr, der noch in der Wirtschaftskrise der 1970er Jahre postulierte, fünf Prozent Inflation seien ihm lieber als fünf Prozent Arbeitslosigkeit. Die volkswirtschaftlichen Folgen einer Inflation hatte der Altkanzler schlicht ignoriert. Denn wenig später gab es sowohl eine hohe Inflationsrate als auch eine steigende Arbeitslosigkeit – die sogenannte Stagflation (zusammengesetzt aus den Worten Stagnation und Inflation). Der Grund: Eine hohe Inflation bremst die Wirtschaft aus. Zum einen verteuert sich die Produktion. Nur absolute Preis- und Marktführer können die gestiegenen Kosten ohne größere Probleme über den Preis an ihre Kunden weitergeben. Andere Anbieter müssen sparen und möglicherweise Mitarbeiter entlassen. Zum anderen haben die Kunden weniger finanziellen Spielraum, wenn die Preise steigen und nicht gleichzeitig die Löhne in ähnlichem Maße anziehen.

Inflation senkt auch die Kaufkraft Ihres Vermögens. Steigt der Preis von Gütern und Dienstleistungen, verliert das Ersparte auf dem Konto an Wert. Sie können sich weniger für Ihr Geld kaufen. Inflationszahlen allein sagen aber noch nichts über die Vermögensentwicklung aus. Die Inflation ist immer im Verhältnis zu den Zinsen zu sehen, die Sie für Ihr Guthaben auf dem Konto erhalten. Wenn die Inflation bei fünf Prozent liegt und Sie für Ihre Einlagen einen Zins von drei Prozent erhalten, ist der Realzins negativ. Sie verlieren also Kaufkraft. Liegt der Zins oberhalb der Inflation, machen Sie mehr aus Ihrem Geld.

Bei Inflation sinkt nicht nur der Wert eines Guthabens, sondern auch der Wert von Schulden. Regierungen haben nach der Finanzkrise auf diese Weise ihre Budgetdefizite reduziert. Liegt die Inflation oberhalb der Kreditzinsen, sinkt die Staatsschuldenquote automatisch. Der deutsche Staat hat sogar zwischenzeitlich an seinen Schulden verdient: Investoren haben der Bundesrepublik ihr Geld zinslos zur Verfügung gestellt – und mehr noch: Sie haben Geld dafür bezahlt, in „sichere" deutsche Staatsanleihen zu investieren. Zwar war die Inflationsrate in diesen Jahren nicht besonders hoch, aber dennoch über der Nulllinie.

Sparer haben laut einer Studie der DekaBank zwischen 2010 und 2020 rund 732 Milliarden Euro an Kaufkraft verloren. Dem gegenüber wurden 353 Milliarden Euro durch zinsgünstige Kredite eingespart. Unter dem Strich macht das ein Minus von 379 Milliarden Euro.

Anleger, die in Sachwerte investiert waren, konnten im Zinstief dagegen hohe Renditen erzielen. Die Immobilienpreise und die Aktienkurse

So frisst die Inflation Ihr Erspartes auf

1000 Euro haben nach X Jahren, bei einer Inflationsrate von Y Prozent, noch die jeweilige, unten stehende Kaufkraft. Nach beispielsweise zehn Jahren mit 2 Prozent Inflation – der von der Europäischen Zentralbank (EZB) als Ziel angestrebte Wert – hätten 1000 Euro noch eine Kaufkraft von 820 Euro.

Jahre	Inflationsrate						
	1 %	2 %	3 %	4 %	5 %	6 %	7 %
1	990	980	971	962	952	943	935
2	980	961	943	925	907	890	873
3	971	942	915	889	864	840	816
4	961	924	888	855	823	792	763
5	951	906	863	822	784	747	713
6	942	888	837	790	746	705	666
7	933	871	813	760	711	665	623
8	923	853	789	731	677	627	582
9	914	837	766	703	645	592	544
10	905	820	744	676	614	558	508
15	861	743	642	555	481	417	362
20	820	673	554	456	377	312	258
30	742	552	412	308	231	174	131

Quelle: Eigene Berechnungen

zogen nach oben und ihre Wertentwicklung übertraf die Inflationsrate deutlich.

Mit Sparanlagen allein lassen sich auf Dauer keine realen Renditen erzielen. Die Schweizer Bank Vontobel hat die Auswirkungen von Inflation auf die Wertentwicklung unterschiedlicher Anlageklassen in den USA zwischen 1900 und 2010 untersucht. Reale Renditen – also ein Plus nach Inflation – brachten nur Aktien, Rohstoffe und zu einem kleinen Teil auch Immobilien. Verbriefte Forderungen wie Unternehmens- und Staatsanleihen, aber auch Cash verloren an Wert. Die Entwicklung des Goldkurses lässt keine genauen Aussagen zu, denn der Goldkurs war bis 1973 fixiert. Über Jahrzehnte war der Goldpreis auf 35 US-Dollar pro Unze fixiert und sorgte damit für reale Negativrenditen.

Die Aufgabe der Notenbanken

Sparer müssen die Inflation in ihren Planungen berücksichtigen. In einer wachsenden Volkswirtschaft sind moderat steigende Preise aber normal und sogar wünschenswert. Sinkende Preise dagegen bedrohen eine Volkswirtschaft, denn in Erwartung sinkender Preise wird nicht mehr investiert und konsumiert. In solch einem Deflations-Szenario bleiben die Unternehmen auf ihren Produkten sitzen, die Lager füllen sich und die Zahl der Insolvenzen sowie die Arbeitslosigkeit steigen. Diese Negativspirale ist nur schwer zu durchbrechen. Deshalb fürchten Ökonomen eine Deflation stärker als eine moderate Inflation, und die Notenbanken versuchen, die Deflation zu verhindern.

Aufgabe der Deutschen Bundesbank und seit 1998 der Europäischen Zentralbank (EZB) war und ist es, für Preisstabilität zu sorgen. Die amerikanische Notenbank dagegen soll zusätzlich die Konjunktur und das Wachstum der US-Wirtschaft steuern. Das wichtigste Instrument der Währungshüter diesseits und jenseits des Atlantiks ist traditionell der jeweilige Leitzins. Wenn die Preise fallen oder nur noch minimal steigen, also Deflation droht, werden die Leitzinsen gesenkt, um Anreize für zusätzlichen Konsum und zusätzliche Investitionen zu schaffen. Bei hoher Inflation dagegen wird der Leitzins nach oben geführt, Geld wird also teurer. Mit der Anhebung des Leitzinses verhindern die Währungshüter also ein Überhitzen der Konjunktur.

Das Inflationsziel der EZB liegt bei zwei Prozent – im Schnitt. Steigt die Inflation temporär über diesen Wert oder fällt sie darunter, wird in der Regel nicht an der Zinsschraube gedreht. Zwei Prozent Preissteigerung ist also per Definition Preisstabilität, der Preisanstieg ist Ausdruck positiver wirtschaftlicher Erwartungen. Und warum gerade zwei Prozent? Mit dem Zwei-Prozent-Ziel bleiben die Vorteile der Preisstabilität bestehen, gleichzeitig besteht ein hinreichender Puffer zur Verringerung des Deflationsrisikos.

Nach dem Platzen der US-Immobilienblase und der darauf folgenden Finanzkrise haben die Notenbanken ihre Geldschleusen geöffnet und die Zinsen in vielen Schritten nach unten geführt. 2016 sank der Hauptrefinanzierungssatz, zu dem sich Geschäftsbanken bei der EZB Geld beschaffen können, in Europa erstmals auf null. Der Einlagezins, zu dem Banken ihr Geld bei der EZB parken können, sank sogar ins Negative. Gemäß der monetären Lehre hätte sich das Wachstum der globalen Geldmenge in höheren Inflationsraten entladen müssen. Aber das neu geschaffene Geld kam nicht in Umlauf. Finanzkrise, Staatsschuldenkrise und Pandemie: In Krisenzeiten verzichteten die Unternehmen auf zusätzliche Investitionen und die Bürger auf übermäßigen Konsum.

Investitionen in Sachwerte wie Immobilien oder Aktien zogen dagegen an. Ökonomen sprachen deshalb von einer Sachwerte-Inflation. Erst sechs Jahre später, im Juli 2022, hat der EZB-Rat die Zinsen im Euroraum auf 0,5 Prozent angehoben – die erste Zinserhöhung seit elf Jahren. Der russische Angriff auf die Ukraine und die folgende Energiekrise ließen die Preise für Öl und Gas in die Höhe schießen und die Inflation zog sich in Folge durch die gesamte Wirtschaft. Um die Geldentwertung zu stoppen, erhöhte die EZB den Hauptrefinanzierungssatz in zahlreichen Schritten innerhalb von 15 Monaten auf 4,5 %.

Inflationsverluste trotz Preisstabilität

Ziehen die Inflationsraten nach oben, schrecken die Bürger auf. Auch die Negativzinsen, die manch eine Bank zwischenzeitlich ihren vermögenden Kunden für Sichteinlagen in Rechnung gestellt hat, haben bei vielen Sparern erstmals das Bewusstsein dafür geweckt, dass sie mit „sicheren Einlagen" Geld verlieren können. Wenn aber die Preise stabil sind, die Inflationsrate also bei zwei Prozent +/– liegt, wähnen viele ihr Geld auf Giro- und Sparkonten in Sicherheit. Dabei ist der Vermögensverlust auch dann schon erheblich, wenn das Guthaben mager verzinst wird oder gar unverzinst bleibt. 100 000 Euro sind und bleiben 100 000 Euro – sofern Sie das Geld nicht ausgeben, ist es auch fünf Jahren später noch da. Aber auf einem Girokonto ohne Guthabenzinsen ist es bei zwei Prozent Inflation p. a. in fünf Jahren nur noch 90 570 Euro wert. Sparer haben also mit einem Gefühl der Sicherheit in fünf Jahren fast 10 000 Euro an Kaufkraft verloren.

Inflation, Stagnation oder Verbesserung?

Nicht alles wird einfach nur teurer. Gerade bei technischen Geräten legen Ausstattung und Spezifikationen von Generation zu Generation zu, sodass man über die Zeit buchstäblich mehr fürs gleiche Geld bekommt. Ein Beispiel:

699,00 Euro

kostete ein iPhone im Jahr 2014.

518,87 Euro

entsprechen der Kaufkraft dieser Summe zehn Jahre später, im Jahr 2024.

941,66 Euro

musste man im Jahr 2024 aufwenden, um für 699 Euro aus dem Jahr 2014 den aktuellen Gegenwert zu erhalten.

Quellen: Connect, Apple

Das iPhone des Jahres 2024 kostete 949 Euro. Im Endeffekt gab es also bessere Technik zum (inflationsbereinigt) fast gleichen Preis.

Vielleicht haben Sie Ihr Geld in eine Lebens- oder Rentenversicherung investiert und fühlen sich für das Alter gut gerüstet. Angenommen, Sie bekommen in 30 Jahren 100 000 Euro garantiert aus einer Police ausgezahlt. Das klingt zunächst gut und fühlt sich gut an. Doch dann folgt die Ernüchterung: Selbst bei einer Inflation von nur zwei Prozent ist Ihre Altersvorsorge bei Auszahlung in 30 Jahren nur noch gut 55 000 Euro wert. Bei drei Prozent Inflation liegt die reale Kaufkraft zum Auszahlungszeitpunkt gar nur noch bei gut 41 000 Euro.

Um in 30 Jahren über eine Kaufkraft von heute 100 000 Euro zu verfügen, bräuchten Sie bei zwei Prozent Inflation 181 000 Euro beziehungsweise bei drei Prozent Inflation knapp 243 000 Euro. Selbst mit positivem Realzins ist es schwer, mit Sparanlagen Vermögen in dieser Größenordnung aufzubauen. Aus 10 000 Euro werden nach 30 Jahren bei einer Verzinsung von zwei Prozent gut 18 000 Euro, also ein Plus von 8000 Euro. Auf diesen Betrag zahlen Sie 25 Prozent Abgeltungssteuer plus Soli und gegebenenfalls Kirchensteuer. Am Ende bleibt ein Betrag von rund 15 800 Euro. Verzinst sich das Kapital jedoch mit 7,3 Prozent, stehen nach 30 Jahren gut 82 800 Euro zu Buche. 7,3 Prozent p. a. – so viel Rendite hat ein durchschnittlich guter global investierender Aktienfonds laut Branchenverband BVI in den vergangenen 30 Jahren bei Einmalanlage nach Kosten gebracht (Stichtag 31.08.2024). Von den 82 800 Euro hätten Sie 10 000 selbst eingezahlt, 72 000 Euro hätte Ihr Investment an Rendite gebracht. Dieser Ertragsanteil unterliegt der Abgeltungssteuer. Am Ende bliebe nach Steuern ein Guthaben von knapp 63 000 Euro.

Einfach Vermögen aufbauen

Haben Sie ad hoc keine 10 000 Euro für eine Investition in Aktienfonds oder ETF? Fühlen Sie sich zu jung für die Altersvorsorge? Oder sind Ihnen Investments in Aktien zu riskant oder zu kompliziert? Um es deutlich zu sagen: Zu jung geht nicht! Beim Vermögensaufbau ist Zeit bares Geld. Deshalb ist es sinnvoll, sofort damit zu beginnen, gegebenenfalls mit kleineren Anlagesummen. Stellen Sie sich vor, Sie hätten über 30 Jahre Monat für Monat 100 Euro in einen weltweit streuenden Welt-ETF investiert. Der hat in den vergangenen 30 Jahren laut MSCI World Rendite-Dreieck im Sparplan im Schnitt 7,9 Prozent Rendite p. a. erzielt. Sie hätten dann etwa 36 000 Euro eingezahlt und über 102 000 Euro Rendite vor Steuern erhalten – ergo am Ende 138 200 Euro im Depot. Um in zehn Jahren auf diese Summe zu kommen (bei angenommener identischer Rendite), müssten Sie pro Monat 771 Euro investieren – und hätten am Ende gut 92 500 Euro selbst finanziert.

Vor allem auf die Länge des Ansparprozesses und damit auf den Zins- und Zinseszinseffekt kommt es an: In zehn Jahren hätte ein Investment von monatlich 100 Euro in einen Fonds mit einer Performance von 7,9 Prozent p. a. einen Gewinn von gut 5920 Euro gebracht – gegenüber 102 200 in 30 Jahren. In 30 Jahren hätten Sie also das 3-fache eingezahlt, aber einen 17-fachen Gewinn erzielt. Viele Bundesbürger schrecken jedoch ganz grundsätzlich vor Investments am Kapitalmarkt zurück. Zu riskant? Über kurze Zeiträume sind Aktienanlagen riskant, weil sie stärker schwanken als Sparanlagen. Aber wie das Renditedreieck des DAX belegt: Es gab in der Vergangenheit keine 15-Jahres-Zeiträume mit negativen Renditen. Im schlechtesten Fall hätten sich Anleger mit 2,2 Prozent pro Jahr begnügen müssen. Im besten Zeitraum erzielten sie satte 15,6 Prozent pro Jahr (siehe „Von Aktien leben?" ab S. 6). Geldanlage ist nicht kompliziert. Nach Einschätzung der Finanz-Expertinnen und -Experten der Stiftung Warentest benötigen Sie nur zwei Komponenten: einen Sicherheits- und einen Renditebaustein. In welchem Verhältnis beide Bausteine stehen, hängt von Ihren Anlagezielen und Ihrer persönlichen Risikoneigung ab.

Berechnung des eigenen Bedarfs

Ob Einmalanlage oder Sparplan, ob defensiv oder offensiv: Mit dem Pantoffel-Depot können Sie Vermögen aufbauen und Ihre Rentenlücke schließen.

Die Rente ist sicher! Knapp 40 Jahre ist es her, dass der damalige Bundesarbeitsminister Norbert Blüm sich mit dieser Aussage unsterblich gemacht hat. Nahezu trotzig warb der CDU-Politiker im Deutschen Bundestag um Vertrauen für die gesetzliche Rentenversicherung. Aus heutiger Sicht bemerkenswert: Schon damals waren die Zweifel an der Zukunft der gesetzlichen Rente groß.

Und: Blüm hatte Recht. Die Rente ist – bis heute – sicher. Aber reicht sie zum Leben aus? 2023 lag die durchschnittliche Brutto-Rente in Deutschland nach mindestens 35 Beitragsjahren bei 1550 Euro. Nach Steuern und Sozialabgaben bleiben durchschnittlich nur 1384 Euro pro Monat zum Leben übrig, so der Rentenatlas der Deutschen Rentenversicherung. Der Durchschnitt sagt jedoch wenig aus. Laut Institut Arbeit und Qualifikation (IAQ) in Düsseldorf haben 21 Prozent der männlichen Neurentner im vergangenen Jahr nach Abzug der Kranken- und Pflegeversicherung weniger als 600 Euro Rente bekommen, bei den Frauen waren es sogar 31 Prozent. Nicht genug, um sorgenfrei zu leben. Allein schon für die Miete reichen die Renten bei vielen Ruheständlern nicht aus. Und es dürfte kaum besser werden.

Wie viel Rente bekomme ich?

Die gesetzliche Rente ist als Umlagesystem konstruiert. Heute aktive Erwerbstätige zahlen mit ihren Beiträgen die Renten der heutigen Ruheständler. Es wird also kein Kapitalstock aufgebaut, sondern die Einnahmen werden direkt wieder ausgeschüttet. Wie viel Geld die Rentenkasse ausschütten kann, hängt also vom zahlenmäßigen Verhältnis der Arbeitnehmer zu den Rentnern ab. Die Babyboomer der Jahrgänge 1958 bis 1971 gehen ab jetzt in den Ruhestand. Das sind rund 18 Millionen Menschen, die dann keine Beiträge mehr zahlen, sondern Renten beziehen. Die Auszahlungen aus der gesetzlichen Rente werden dann von heute rund 370 Milliarden Euro auf rund 800 Milliarden Euro steigen. Dem gegenüber stehen nur elf Millionen Menschen, die neu in den Arbeitsmarkt einsteigen. Die Zahlen verdeutlichen das Problem. Haben 1962 noch sechs Erwerbstätige einen Rentner finanziert, waren es 2021 gerade mal gut zwei (2,1). Im Jahr 2036, so die Prognosen des Bundesministeriums für Arbeit und Soziales 2019, werden drei Erwerbstätige zwei Rentner finanzieren müssen.

Der demografische Wandel sorgt für eine Unwucht im System. Dazu kommt, dass die Lebenserwartung deutlich gestiegen ist, was sich auch in der Dauer des Rentenbezugs zeigt: Seit 1960 kletterte sie von 9,9 Jahre auf 20,5 Jahre (2023) und hat sich damit mehr als verdoppelt. Das Umlagesystem kommt an seine Grenzen. Das Rentenniveau, also das Verhältnis von Renten zu Arbeitseinkommen, sinkt seit Ende der 1970er Jahre und liegt seit 2012 unter der Hälfte des Arbeitseinkommens eines sogenannten Standardrentners. Das ist eine Person, die 45 Jahre lang durchschnittlich verdient und in die gesetzliche Rentenversicherung Beiträge eingezahlt hat.

Seit 2002 wird die gesetzliche Rente aufgrund der demografischen Entwicklung um eine staatlich geförderte kapitalgedeckte betriebliche oder private Altersvorsorge ergänzt. Arbeitnehmer können per Riester-Vertrag von Zulagen des Staates bzw. Steuervorteilen profitieren. Allerdings sind die Verträge teuer und werfen aufgrund der vorgeschriebenen Garantien kaum Rendite ab. Das Riestern rechnet sich aufgrund der Zulagen nur für Familien mit Kindern, Geringverdiener, die für die vollen Zulagen nur einen geringen Eigenanteil zahlen und eventuell für gutverdienende Singles, die Steuern sparen. Die Kritik an den Verträgen, die bei der Auszahlung an strenge Vorgaben gebunden sind, wächst seit Jahren.

Renteninformation und Rentenauskunft

Wie viel Rente Sie ohne weitere Reformen wahrscheinlich erhalten, erfahren Sie aus Renteninformation oder Rentenauskunft. Wer mindestens fünf Jahre lang in die Rentenkasse eingezahlt und damit Rentenansprüche erarbeitet hat, bekommt ab dem Alter von 28 Jahren jährlich eine Renteninformation von der Deutschen Rentenversicherung. Darin steht, ab wann Sie die Regelaltersrente erhalten, in welcher Höhe, wenn Sie bis dahin Einzahlungen im Schnitt der vergangenen fünf Jahre leisten; welchen Rentenanspruch Sie bereits erworben haben und welchen Anspruch Sie im Falle der vollständigen Erwerbsminderung haben. Ab dem 55. Lebensjahr bekommen Sie dann alle drei Jahre eine Rentenauskunft. Im Unterschied zur Renteninformation enthält die Rentenauskunft neben der Angabe zu der bisher zu erwartenden Rentenhöhe noch eine Übersicht über Ihre gespeicherten Versicherungszeiten.

Rentenlücke berechnen

Renteninformation oder Rentenauskunft dürften den meisten Menschen die Laune verderben, oder aber dazu motivieren, sich um die Altersversorgung zu kümmern. Sie sehen dort schwarz auf weiß, dass die zu erwartende Rente deutlich unterhalb Ihres Einkommens liegen wird; und Sie ergo allein mit der gesetzlichen Rente Ihren Lebensstandard nicht werden halten können. Wie weit die persönliche Rentenlücke klafft, hängt stark vom Alter und vom Familienstand ab. Bei Jüngeren und Verheirateten ist sie größer; bei Älteren und Alleinstehenden kleiner. Dabei gehen unsere Finanz-Expertinnen und -Experten davon aus, dass der Finanzbedarf im Alter etwas geringer ist als zu beruflich aktiven Zeiten. Die finanzielle Unterstützung der Kinder ist ein Posten, der dann nicht mehr nötig ist. Auch für Wohnungseinrichtung und Reisen, Kleidung und Autos wird im Rentenalter tendenziell eher weniger ausgegeben. 80 Pro-

Wie viel müssen Sie für Ihre Wunschrente sparen?

Reicht das, was Sie sparen, für die Zusatzrente, die Sie einmal wollen? Kalkulieren Sie selbst – kostenlos auf test.de, Stichwort „Vorsorgerechner".
Tragen Sie in die entsprechenden Felder ein, ob Sie die Rente monatlich, vierteljährlich oder jährlich gezahlt haben wollen. Soll die Rente mit Erreichen des Renteneintrittsalters fließen oder eine Zahlungsperiode später – das heißt, einen Monat, ein Vierteljahr oder Jahr später? Geben Sie an, wie lange Sie diese Zusatzrente benötigen und nennen Sie den Zins, zu dem Sie das Vermögen anlegen werden, aus dem die Rente regelmäßig fließen soll.
Wenn Sie diesen Verrentungszins 2 bis 3 Prozent niedriger ansetzen als Sie erwarten, planen Sie in Ihrer Rechnung einen Inflationspuffer ein. Schließlich werden Sie später Ihre Rentenauszahlung erhöhen wollen, falls sie im Laufe Ihres Ruhestands an Wert verliert.
Beispiel: Sie brauchen ein Vermögen von mehr als 160 000 Euro, um sich bei einer Verzinsung von 4 Prozent p. a. zwanzig Jahre lang eine Monatsrente von 1000 Euro zu finanzieren. Klingt viel, doch rechnen Sie einfach weiter und ermitteln, wie Sie es ansparen können. Stricken Sie Ihren Wunschsparplan: Sie geben ein, ob Sie monatlich, vierteljährlich oder jährlich sparen wollen und wie viele Raten Sie bis Beginn der Rente noch schaffen. Nennen Sie den Zins, mit dem Ihr Erspartes sich vermehrt. Dann können Sie im Onlinerechner Ihre Rate berechnen.

Höhe der gewünschten Rentenzahlung	**1000,00**	Euro
Zahlungsweise der Rente[1]	12	Mal im Jahr
Zeitpunkt der ersten Rentenzahlung[2]	1	
Anzahl der Rentenzahlungen	240	
Verrentungszins	4,00	in Prozent p. a.
Restkapital am Ende der Rentenzahlungen	0,00	Euro
Vermögen zu Beginn des Rentenbezugs	166 596,23	Euro
Vermögen zu Beginn des Rentenbezugs		Euro (Ihre Vorgabe)
Zahlungsweise der Sparraten[1]	12	Mal pro Jahr
Anzahl der Sparraten	240	
Ansparzins	6,0	in Prozent p. a.
Zu Sparplanbeginn vorhandenes Vermögen	0,00	Euro
Höhe der Sparrate	**365,63**	Euro

1) jährlich: 1; halbjährlich: 2; vierteljährlich: 4; monatlich: 12.
2) sofort: 1; eine Zahlungsperiode später: 0.
Quelle: Stiftung Warentest

zent des letzten Nettos, so der Rat aus unserer Finanz-Redaktion, sollten in der Rentenphase zur Verfügung stehen. Der Abstand zwischen 80 Prozent des letzten Nettos und der gesetzlichen Nettorente beschreibt die Versorgungslücke. 80 Prozent ist freilich nur ein Richtwert. Wenn Sie nach Renteneintritt größere Reisen planen oder Ihr Leben auf andere Weise aus vollen Zügen genießen möchten, reichen 80 Prozent des Nettos eventuell nicht aus. Auch die Kosten für altersgerechtes Wohnen oder Services beziehungsweise Betreuung im Alter bis zur Heimunterbringung sollten Sie im Hinterkopf haben.

Neben der gesetzlichen Rente bestehen eventuell Anwartschaften, mit denen Sie Ihre Finanzen im Ruhestand aufpeppen. Beziehen Sie eine Rente aus einer betrieblichen Altersversorgung? Oder eine Rente aus einem Riester-Vertrag, einer Basisrente (die sogenannte Rürup-Rente) oder erhalten Sie Mieteinnahmen? Vielleicht leben Sie auch in den eigenen vier Wänden, so dass keine Mietkosten anfallen und Sie Ihre Immobilie später auch veräußern können? All das sollte bei der Vorsorgeplanung berücksichtigt werden.

Bedarf ermitteln – nicht ohne Inflation!

Marie Muster ist 1990 geboren. Sie hat 2014 Ihren ersten Job angetreten, ist ledig, kinderlos, kein Kirchenmitglied, gesetzlich krankenversichert und lebt in NRW. Bei einem Monatsgehalt von 3500 Euro brutto liegt Ihr Netto aktuell bei 2335 Euro. 3500 Euro Bruttomonatsgehalt entspricht einem Jahresbrutto von 42000 Euro. Den Rentenanspruch können Sie mit der Rentenformel selbst ermitteln.

Die Rentenformel

Entgeltpunkte × Zugangsfaktor × Rentenartfaktor × Aktueller Rentenwert
= monatliche Rentenhöhe

Die Formel wirkt sperrig, ist aber im Prinzip simpel. Der Durchschnittsverdiener erhält jährlich einen Entgeltpunkt. Das jährliche Durchschnittseinkommen für das Jahr 2024 liegt aktuell bei 45358 Euro und wird regelmäßig angepasst. Wenn Sie Ihr Jahresbrutto durch das Durchschnittseinkommen teilen, ergibt sich die Anzahl Ihrer Entgeltpunkte für ein Jahr. Im Beispiel sind das 0,926 Entgeltpunkte. Hochgerechnet auf 43 Beitragsjahre bis zum Renteneintritt im Jahr 2057 hat Marie Muster 39,81 Rentenpunkte gesammelt, die mit dem aktuellen Rentenwert multipliziert werden. Der liegt aktuell bei 39,32 Euro. Multipliziert mit der Anzahl der Entgeltpunkte macht das eine Rente von gut 1565 Euro. Auf diesen Betrag muss sie nicht nur Beiträge an die Kranken- und Pflegeversicherung zahlen, sondern auch Einkommenssteuer. Unter dem Strich dürften ihr etwa 1350 Euro netto zum Leben bleiben.

Natürlich ist die Rechnung vereinfacht, weil sie ein gleichbleibendes Brutto und einen gleichbleibenden Durchschnittsverdienst unterstellt. Dennoch taugt sie als Orientierung. Wenn Marie Muster eine Rente in Höhe von 80 Prozent Ihres letzten Nettos bekommen will, braucht sie 1868 Euro netto. 1350 Euro bekommt sie nach Abzug von Steuern und Sozialversicherungsbeiträgen aus der gesetzlichen Rente. Die Rentenlücke liegt also bei gut 500 Euro – nach heutiger Kaufkraft. In 32 Jahren wären die 500 Euro bei einer Inflation von zwei Prozent p. a. nur noch 276 Euro wert. Um dann also die Kaufkraft von heute 500 Euro zu erhalten, braucht Marie Muster bei Renteneintritt gut 905 Euro.

Für den Aufbau des Kapitals bleibt Marie Muster noch 32 Jahre Zeit. Um ausreichend Kapital aufzubauen, muss sie bei einer unterstellten Verzinsung von sechs Prozent p. a. 192 Euro im Monat aufbringen. Bei Renteneintritt stehen dann knapp 216 000 Euro zu Buche, die in der Auszahlungsphase mit drei Prozent verzinst werden. Die Rente ist so kalkuliert, dass sie 30 Jahre reicht und dann aufgebraucht ist. Für eine lebenslange Rente müsste Marie Muster Abstriche in der Rentenhöhe machen. Mit den Vorsorgerechnern der Stiftung Warentest können Sie prüfen, wie viel Kapital Sie für Ihre private Zusatzrente aufbauen müssen. Näheres zum Entnahmeplan lesen Sie im Kapitel „Entnahmepläne" ab S. 107.

Ziele festlegen

Sechs Prozent Rendite p. a. bis zum Rentenbeginn: Das ist mit Tages- oder Festgeld allein nicht zu schaffen. Wer nachhaltig Vermögen aufbauen möchte, kommt am Kapitalmarkt nicht vorbei. Aktien bieten langfristig die besten Renditeaussichten. Jedoch müssen Sie mit zwischenzeitlichen Rücksetzern rechnen.

Seit der Jahrtausendwende hat es gleich mehrere größere Korrekturen an den Aktienmärkten gegeben. Vielleicht erinnern Sie sich an den rasanten Aufstieg und den rasanten Untergang des Neuen Marktes in Deutschland? Junge Internetfirmen gingen reihenweise an die Börse und wer beim Börsengang ein paar Aktien ergatterte, wähnte sich reich. Die Kurse stiegen und stiegen. Selbst Unternehmen ohne jede Aussicht auf Gewinn wurden an den Börsen hoch bewertet. Bis die Blase platzte. Binnen drei Jahren hat der Deutsche Aktienindex (DAX) fast 70 Prozent seines Wertes verloren – und erst gut sieben Jahre später wieder sein Vorkrisenniveau erreicht.

2008 dann platzte die US-Immobilienblase, mit dramatischen Auswirkungen für die Weltwirtschaft. Die US-Investmentbank Lehman Brothers musste Insolvenz anmelden, das internationale Finanzsystem drohte zu kollabieren. Wieder brachen die Kurse an den Aktienmärkten ein. Der Kurs der Citigroup etwa brach im Vergleich zum Allzeithoch um 98 Prozent ein. Kurz: Aktien sind Risikopapiere, die Kurse schwanken zum Teil erheblich – und Sie müssen immer auch mit scharfen Korrekturen rechnen.

Deshalb ist es wichtig, dass Sie Ihre Ziele definieren. Wenn Sie in absehbarer Zeit Kapital benötigen, sollte der Renditebaustein in Ihrem Depot entsprechend klein ausfallen. Dann liegt Ihr Schwerpunkt auf Sicherheit und Verfügbarkeit. Wenn Sie dagegen jung sind, sehr langfristig planen und sich eine attraktive Zusatzrente aufbauen möchten, darf der Renditebaustein mehr Raum einnehmen: 75 Prozent Aktien und 25 Prozent Sicherheitsbaustein oder gar eine Aktienquote von 100 Prozent wären dann zu empfehlen.

Risikoneigung beachten

Der Aufbau Ihrer Zusatzrente muss jedoch auch zu Ihrem Risikoprofil passen. Es macht keinen Sinn, All-in zu gehen, um eine maximale Rendite zu erzielen, wenn Sie bei einem Rücksetzer in Panik geraten und Ihre Investments verkaufen. Viele Anleger laufen den Kursen hinterher. Sie steigen zu spät ein und haben den größten Teil des Kursanstiegs verpasst – und trennen sich bei einem Minus im Depot in Panik von ihren Wertpapieren. Teuer kaufen, billig verkaufen: So können Sie sich keine Zusatzrente aufbauen.

Sie müssen den Vermögensaufbau mit Aktien also emotionslos durchhalten. Ruhe bewahren – das gilt natürlich nur dann, wenn Sie breit aufgestellt sind und der ganze Markt bei Börsenturbulenzen nach unten zieht. Wenn Sie in Einzelwerte investieren, sieht das anders aus. Dann müssen Sie das Geschäftsmodell und die weiteren Aussichten des Unternehmens prüfen. Möglich, dass das Unternehmen an der Börse aufgrund falscher ökonomischer Entscheidungen oder eines veränderten Wettbewerbsumfelds an Wert verliert.

Panik bei der Geldanlage kann teuer werden. Nicht nur, weil Sie womöglich zu einem schlechten Kurs verkaufen, sondern auch wegen des Wiederanlage-Risikos. Denn nach einem Ausstieg besteht das Risiko, die Tage zu verpassen, an denen sich die Kurse am besten entwickeln. Die

Folgen sind erheblich, wie die Quirin Privatbank auf Basis von Bloomberg-Daten ermittelt hat. Zwischen 1991 und 2021 wurden mit einem Einmal-Investment von 100 000 Euro in den MSCI World knapp 1,25 Millionen Euro erzielt. Wer die besten 25 Handelstage verpasst hat, konnte sich dagegen „nur" über 356 000 Euro freuen. Die Ausstiege kosteten also fast 900 000 Euro!

Gegen Panik hilft es, Vermögen per Sparplan aufzubauen. Damit werden Wertpapiere quasi per Dauerauftrag gekauft und ins Depot gebucht (siehe „Von Aktien leben?", S. 6). Eine andere Möglichkeit ist es, den Anteil der Risikopapiere beim Vermögensaufbau zu reduzieren.

Einfach Vermögen aufbauen mit dem Pantoffel-Portfolio

Vermögensaufbau muss nicht kompliziert sein. Mit dem Pantoffel-Portfolio von der Stiftung Warentest können Anlegerinnen und Anleger mit unterschiedlichen Strategien zum Ziel kommen.

Einfach und effizient sollte die Geldanlage sein. Deshalb hat die Stiftung Warentest im Jahr 2013 das Pantoffel-Portfolio entwickelt. Es heißt so, weil es so bequem wie ein Pantoffel ist. Das Pantoffel-Portfolio ist gleichzeitig ein Anlagekonzept, das Anlegerinnen und Anleger in ihrem ganzen Leben nutzen können. Ob per Sparplan mit 50 Euro monatlich oder nach einer Abfindung oder Erbschaft mit 50 000 Euro auf einen Schlag: Mit der Anlagestrategie unserer Finanz-Expertinnen und -Experten können Sie auf unterschiedliche Ziele sparen.

Das Pantoffel-Portfolio besteht in seiner einfachsten Version aus einem Rendite- und einem Sicherheitsbaustein, die sich je nach Risikobereitschaft unterschiedlich mischen lassen. Obwohl es so bequem ist, bringt es ansehnliche Erträge.

Das Pantoffel-Portfolio besteht aus zwei Teilen, einem Renditebaustein mit Aktienfonds und einem Sicherheitsbaustein mit Zinsanlagen. Die einfachste Version des Pantoffel-Portfolios hat als ersten Baustein einen ETF auf den MSCI World Index.

Der Renditebaustein

Der MSCI World Index ist der populärste Weltaktienindex. Er umfasst rund 1400 Aktien aus 23 Industrieländern. Entsprechende ETF auf den Index bieten zahlreiche ETF-Emittenten an (siehe „Dividenden und passives Einkommen", S. 80).

Es gibt sowohl klassische als auch nach nachhaltigen Kriterien ausgerichtete ETF-Versionen. Zudem sind ausschüttende und thesaurierende ETF im Angebot. Die Finanz-Expertinnen und -Experten der Stiftung Warentest empfehlen zum Vermögensaufbau die thesaurierende Version. Denn hier werden die Ausschüttungen automatisch wieder angelegt und sorgen für höhere Ablaufergebnisse. Eine Alternative zum MSCI World Index ist der MSCI ACWI, wobei ACWI für All Country World Index steht. In diesem Index sind auch Aktien aus den 24 größten Emerging Markets wie China, Indien und Südkorea vertreten – sie machen aktuell gut 10 Prozent in dem Index aus. Wer will, kann im Renditebaustein auch weitere Beimischungen vornehmen, etwa Beimischung von Länder- oder Rohstoff-ETF. Zu komplizierte Konstruktion mit zahlreichen verschiedenen ETF sind für den Pantoffel allerdings nicht empfehlenswert.

Der Sicherheitsbaustein

Der zweite Baustein für das Pantoffel-Portfolio ist der Sicherheitsbaustein. In der Regel ist das ein Tagesgeldkonto. Auf einem Tagesgeldkonto können Sie jederzeit Einzahlungen und Auszahlungen vornehmen. Über mehrere Jahre lagen die Zinsen auf Tagesgeldkonten nahe oder bei null. Bei größeren Summen mussten Anlegerinnen und Anleger mitunter sogar mit Strafzinsen rechnen, euphemistisch auch „Verwahrungsgebühren" genannt. Diese Zeiten sind aber vorbei. Seit 2022 stiegen die Zinsen auf den besten Tagesgeldkonten auf zwischenzeitlich bis zu vier Prozent an. Zuletzt gaben sie wieder etwas nach. Einen Teil des Geldes können Sie auch auf Festgeldkonten parken, wenn dort die Zinsen deutlich attraktiver als im Tagesgeld sind.

Möglich ist auch ein Geldmarktfonds oder -ETF, der in sichere europäische Staatsanleihen investiert. Allerdings sollten es nur Produkte sein, die in Staatspapiere mit kurzen Restlaufzeiten investieren. Denn langlaufende Staatsanleihen unterliegen Zinsänderungsrisiken und verloren im Jahr des Zinsanstiegs 2022 teilweise zweistellig an Wert.

Drei Varianten – für jeden Risikotyp etwas

Ihre persönliche Mischung aus Rendite- und Sicherheitsbaustein hängt von ihrer Risikotragfähigkeit, ihrem Lebensalter und Ihren Renditeerwartungen ab. Vorsichtige Anlegerinnen und Anleger wählen mehr Zinsanlagen als Aktien. Risikofreudige setzen in erster Linie auf Aktien. Für die meisten passt aus unserer Sicht das ausgewogene Portfolio mit je zur Hälfte Aktienfonds und Zinsprodukten. Natürlich ist es auch möglich, allein auf Tagesgeld oder Aktien-ETF zu setzen. Beim Tagesgeld jedoch verschenkt man Renditechancen und verliert womöglich nach Abzug der Inflation Geld. Reine Aktieninvestments dagegen sind bei langfristiger Betrachtung renditestark. Allerdings müssen Anlegerinnen und Anleger auch mit starken Schwankungen rechnen.

Für Vorsichtige: Die defensive Variante

Pantoffel-Portfolios unterliegen den Schwankungen der Börsen. Je höher dabei der Aktienanteil ist, desto stärker können auch die Aufs und Abs ausfallen. Mit anderen Worten: Es kann auch Jahre geben, die mit Verlust enden. Wenn Sie die Schwankungen bei ihrer Geldanlage möglichst gering halten möchten, ist die defensive Pantoffel-Variante mit einem Aktienanteil von 25 Prozent für Sie am besten geeignet. Auch ältere Sparer, bei denen starke Verluste am Aktienmarkt nur noch schwer aufzuholen wären, schwenken zuweilen auf die defensive Variante um. 75 Prozent des Geldes fließen beim Pantoffel für Vorsichtige in sichere Zinsanlagen. Das sorgt für hohe Stabilität, schließt aber zwischenzeitlich rote Zahlen nicht ganz aus.

Für die meisten geeignet: Die ausgewogene Variante

Für die meisten Anlegerinnen und Anleger passt aus Sicht der Stiftung Warentest das ausgewogene Portfolio. Dieses Portfolio besteht jeweils zur Hälfte aus Aktienfonds und Zinsprodukten. Eine solche Mischung wird zwar bei heftigen Börsenkorrekturen getroffen und kann daher in einem Jahr durchaus auch zweistellig ins Minus rutschen. Das müssen Anlegerinnen und Anleger aushalten können. Allerdings sind solche Ausreißer selten und wurden in der Vergangenheit relativ schnell wieder gutgemacht. Auf mittlere und lange Sicht bietet der 50-Prozent-Aktienanteil ansehnliche Renditechancen. Allerdings litt die Performance im Vergleich zum offensiven Pantoffel im vergangenen Jahrzehnt unter den geringen Renditebeiträgen der Zinsprodukte.

Für Risikofreudige: Die offensive Variante

Mit Aktienfonds lassen sich langfristig deutlich höhere Renditen erzielen als allein mit Tagesgeld oder Festgeld. Auf dem Weltaktienmarkt waren in den vergangenen Jahrzehnten im Schnitt Renditen um die 7 Prozent pro Jahr möglich. Mit dem offensiven Pantoffel-Portfolio setzen Anlegerinnen und Anleger vor allem auf Aktien: Der Anteil an Aktienfonds im Portfolio beträgt 75 Prozent. Nur 25 Prozent des Geldes fließen in Zinsanlagen. Der Pantoffel für Risikobereite eignet sich besonders gut für risikobewusste jüngere Anlegerinnen und Anleger. Weil sie bis zum Rentenbeginn noch Jahrzehnte vor sich haben, können Sie die zwischenzeitlichen Schwankungen an den Börsen aussitzen und in schlechten Börsenzeiten im Sparplan sogar mehr ETF bei konstanter Einzahlung ansammeln.

So hat sich eine Einmalanlage im Pantoffel-Portfolio entwickelt

Mut zum Risiko bei der Geldanlage hat sich in den vergangenen drei Jahrzehnten ausgezahlt. Das zeigen die Durchschnittsrenditen der verschiedenen Varianten der Pantoffel-Portfolios bei Einmalanlagen. Am größten ist der Unterschied zwischen den Depots Sicherheit und Rendite. Das Depot Sicherheit hat über die vergangenen 30 Jahre zwar immerhin 3,9 Prozent Rendite pro Jahr erwirtschaftet. Über 10 Jahre waren es aber gerade einmal 0,3 Prozent p. a. und auf Sicht von fünf Jahren war die Zinskomponente sogar unter Wasser. Dieses Minus in der Performance und den erstaunlich hohen maximalen Verlust muss man allerdings relativieren. Denn für die Berechnung wurde als Sicherheitsbaustein ein ETF auf Euro-Anleihen herangezogen. Durch die Zinswende ab Juli 2022 verloren langlaufende Euro-Anleihen 20 Prozent ihres Wertes. Mit Tagesgeld wäre das nicht passiert. Allerdings hätten Sie mit Tagesgeld in den Jahrzehnten zuvor auch weniger Rendite als mit dem Anleihen-ETF eingefahren.

Die besten Renditen erbrachte über alle Laufzeiten das Portfolio mit 100 Prozent Weltaktien. In der kurzfristigen Betrachtung über ein Jahr und fünf Jahre ist der Abstand besonders hoch. Über 30 Jahre jedoch fällt der Abstand gegenüber dem offensiven Depot mit nur 0,5 Prozentpunkten Differenz pro Jahr recht gering aus. Zudem hätten ängstliche Anlegende mit dem reinen MSCI-ETF mutmaßlich die ein oder andere schlaflose Nacht verbracht. So brach der Index in der Spitze um 56 Prozent ein. Um wieder in die schwarzen Zahlen zu kommen, hätten Sie mehr als 13 Jahre gebraucht. Zudem war die reine Aktienanlage durchaus nicht immer führend, wie der Chartvergleich der verschiedenen Strategien zeigt. Nach der Jahrtausendwende und nach der Finanzkrise rutschte die offensivste Variante sogar ganz ans Ende. Erst im Jahr 2021 konnte er den „offensiven Pantoffel" nachhaltig abhängen. Inzwischen hat der MSCI World Index seit nunmehr 15 Jahren keinen echten Rückschlag erlitten – aber es können wieder andere Zeiten kommen.

Ruhigeren Schlaf und durchaus auskömmliche Renditen hätten die gemischten Portfolios des Pantoffels eingebracht. Die defensive Variante erwirtschaftete über 30 Jahre immerhin 5,7 Prozent Rendite pro Jahr. Der maximale Verlust lag bei 16 Prozent, bedingt durch den Absturz des Renten-ETF. Gleichzeitig war jedoch die längste Verlustphase mit 2,8 Jahren die kürzeste alle Varianten. Knapp einen Prozentpunkt mehr als die defensive Variante erwirtschaftete die ausgewogene über die vergangenen 30 Jahre. Bei kürzeren Laufzeiten fiel die Differenz allerdings deutlich stärker aus, weil die Renditen von Sicherheits- und Renditebaustein stark auseinanderdrifteten.

Noch besser als das ausgewogene Depot schnitt das offensive Pantoffel-Portfolio ab. Mit 7,9 Prozent pro Jahr war die Rendite überzeugend. Aus 100 000 Euro Anfangsvermögen wäre bis heute nahezu ein Millionenbetrag erwachsen. Gleichzeitig blieben die Schwankungen relativ erträglich. Der maximale Verlust von 39 Prozent wäre im schlechtesten Fall in weniger als sieben Jahren wieder ausgeglichen worden.

So hat sich ein Sparplan im Pantoffel-Portfolio entwickelt

Die Ergebnisse der Einmalanlage nach verschiedenen Pantoffelstrategien bestätigen sich auch, wenn man die Ergebnisse von Sparplänen unter die Lupe nimmt. Hier macht sich aber die Langzeitentwicklung an den Kapitalmärkten noch deutlicher bemerkbar. In den ersten 15 Jahren bis 2009 entwickelten sich Rentenpapiere auf einem kontinuierlich ordentlichen Niveau und die Aktien schwankten stark. Seit 2009 ging es für Aktien bergauf, die Zinsen schwanden. Besonders wichtig für die Rendite von Sparplänen ist der Ausstiegszeitpunkt. Im Winter 2024 befanden sich die meisten entwickelten Aktienmärkte und damit auch der

Das Pantoffel-Portfolio auf einen Blick

Diese Anlagestrategie soll Ihnen so gut passen wie Ihr eigener Pantoffel. Je nach Risikotyp können Sie Ihr Vermögen in unterschiedlichem Maße an der Börse anlegen oder auf sicherere Zinsanlagen verteilen. Je höher der Aktienanteil, desto höher sind die Renditechancen, aber auch die möglichen Risiken.

Für Vorsichtige

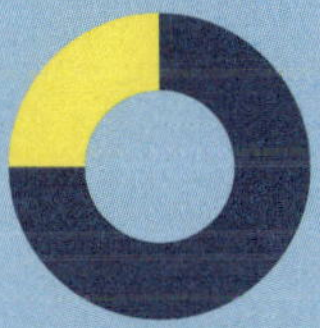

Defensiv
25% Aktien-ETF
75% Zinsanlagen

Für die meisten geeignet

Ausgewogen
50% Aktien-ETF
50% Zinsanlagen

Für Risikobereite

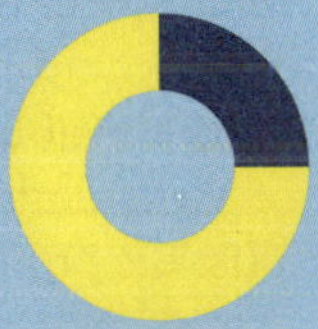

Offensiv
75% Aktien-ETF
25% Zinsanlagen

Einmalanlage über einen Zeitraum von 30 Jahren

Wer 1994 eine Summe in der ausgewogenen Ausrichtung angelegt hatte, dessen Vermögen hätte sich mit einer durchschnittlichen Rendite von 7 % p. a. vermehrt.

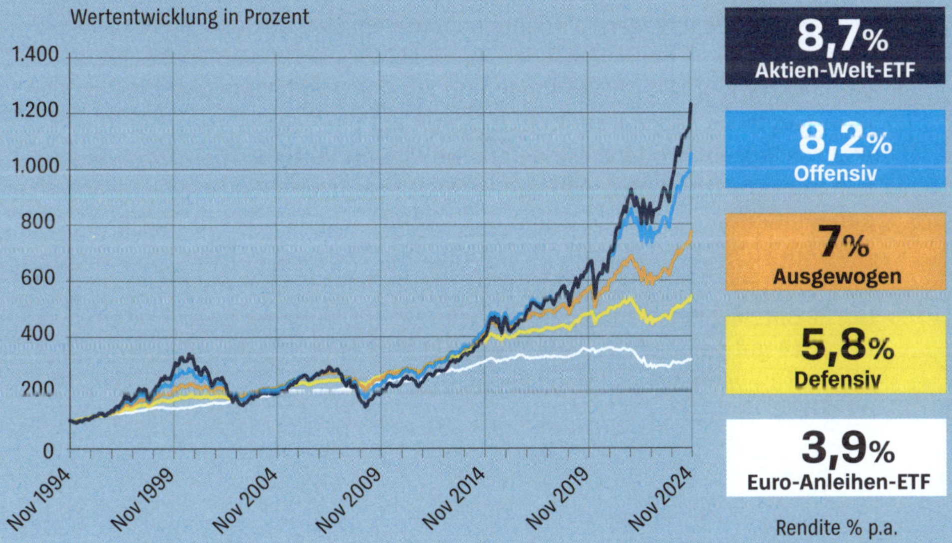

Sicherheitsbaustein: Euro-Anleihen-ETF. Renditebaustein: MSCI-World-ETF. Berücksichtigung von Handelskosten bei Umschichtungen, ohne Steuern. Stand: 30.11.2024. Quelle: LSEG, eigene Simulationen.

MSCI World Index nahe ihren historischen Höchstständen. Entsprechend positiv wirkt sich das für aktienlastige Sparpläne aus.

Umgekehrt schneidet das reine Sicherheitsportfolio beim Sparplan noch schwächer ab als bei der Einmalanlage. Auf Sicht von 30 Jahren liegt die Rendite bei mageren 2,6 Prozent. Der Grund für den niedrigeren Wert gegenüber der Einmalanlage: Als Rentenanlagen von 1994 bis 2010 noch relativ gute Renditen erwirtschafteten, war noch nicht so viel Geld im Sparplan erhalten. In den vergangenen zehn schwachen Rentenjahren war der Sparplan dagegen schon gut gefüllt und die Sicherheitsvariante erwirtschaftete ein Minus von 0,9 Prozent pro Jahr. So mussten sich Sparerinnen und Sparer bei einer monatlichen Einzahlung von 200 Euro – und damit insgesamt 72 000 Euro – mit einer Auszahlung von rund 108 000 Euro begnügen; vor Steuern.

Ganz anders sah die Rechnung für die Renditesparer im MSCI World aus. Sie profitierten davon, dass ihre Sparkonten nach der Jahrtausendwende und nach der Finanzkrise noch nicht so stark gefüllt waren. Für ihre 200 Euro Sparrate konnten sie in diesen schwachen Jahren umso mehr Aktien-ETF kaufen. Anschließend profitierten sie von den mehr oder weniger kontinuierlich zulegenden Weltmärkten und hatten per Ende September 2024 satte 309 000 Euro auf dem Konto. Die offensive Variante mit 75 Prozent Aktien und 25 Prozent Sicherheitsbaustein konnte da nicht ganz mithalten. Mit einer durchschnittlichen Rendite von 7,5 Prozent erreichten Sparende aber immerhin ein Vermögen von rund 258 000 Euro – immerhin mehr als das dreieinhalbfache der eingezahlten 72 000 Euro.

Auch die ausgewogene Variante schaffte es, die 200 000-Euro-Marke zu durchbrechen. Besonders beeindruckend war die Konstanz, die diese Variante für fast alle Anlegerinnen und Anleger empfehlenswert macht: Über sämtliche Laufzeiten ab fünf Jahren lag die Rendite zwischen 6,0 und 6,6 Prozent pro Jahr. Die defensive Variante mit nur 25 Prozent Aktienanteil musste dagegen in den vergangenen Jahren der Schwäche an den Rentenmärkten Tribut zollen. Die Rendite des defensiven Portfolios rutschte von 4,5 Prozent in der Dreißigjahreswertung auf nur noch 2,7 Prozent in der Zehnjahreswertung ab. Immerhin konnten Anlegende ihren Einsatz bei einer Ablaufsumme von 150 000 Euro per Ende September 2024 gut verdoppeln. Zudem war die defensive Variante die einzige, die über 10 Jahre nie ins Minus geriet.

Bequeme Verwaltung des Pantoffel-Portfolios

Das Pantoffel-Portfolio heißt so, weil es so bequem ist. Das Pantoffel-Portfolio eignet sich für die einmalige Anlage größerer Beträge ebenso wie für Sparpläne mit monatlicher Einzahlung. Für die Zinsanlage brauchen Anlegerinnen und Anleger nur ein Tagesgeldkonto und gegebenenfalls noch ein Festgeldkonto. Für die Aktien-ETF und eventuell börsennotierte Rentenpapiere benötigen Sie ein Wertpapierdepot. Günstiger als eine Filialbank ist dabei ein Depot bei einer Direktbank oder einem Neobroker. Dort müssen Sie für die Verwahrung Ihrer ETF-Anteile meist nichts bezahlen. Besonders günstig sind die sogenannten Neobroker, die zum Teil kein Geld für den Kauf und den Verkauf von ETF-Anteilen verlangen.

Nach der Einrichtung macht das Pantoffel-Portfolio kaum noch Arbeit. Anlegerinnen und Anleger müssen sich nicht mit der aktuellen Börsenlage auskennen. Auch die Entwicklung von einzelnen Unternehmen oder gar die Analyse der jeweils aktuellen Geschäftszahlen ist nicht erforderlich. Die einmal ausgewählten ETF können Sie dauerhaft behalten. Auch das Tagesgeld muss nicht ständig erneuert werden. Allerdings sollten Sie gelegentlich prüfen, ob Ihr Tagesgeldanbieter noch zu den Besten im Markt zählt. Die aktuellsten Konditionen finden Sie immer unter test.de/zinsen.

Sie können sich also entspannen und müssen Ihr Pantoffel-Portfolio nicht ständig im Blick behalten. Normalerweise genügt es, einmal jährlich zu prüfen, ob das Mischungsverhältnis noch stimmt. Wenn es aber außergewöhnliche Nachrichten von den Kapitalmärkten gibt, die zu Euphorie oder Besorgnis Anlass geben, sollten Sie auch zwischendurch mithilfe unseres Onlinerechners überprüfen, ob Ihr Portfolio aus dem Gleichgewicht geraten ist und entsprechende Anpassungen vornehmen. Bei stark gesunkenen Aktienkursen sollten ETF nachgekauft werden, bei extrem starken Kurssteigerungen Gewinne realisiert und ins Tagesgeldkonto überführt werden, um das gewünschte Mischungsverhältnis wieder herzustellen.

03

Alles dreht sich um die Rendite

Aktien, Investmentfonds und ETF

Sparen ist gut, Investieren ist besser: Mit Aktien, Aktienfonds und ETF erzielen Anleger über längere Zeiträume deutlich bessere Renditen als mit klassischen Sparanlagen.

Albert Einstein bezeichnete den Zinseszins als „achtes Weltwunder". Zuletzt gab es wieder Zinsen: drei Prozent und mehr konnten Sparerinnen und Sparer im Jahr 2023 für Tages- und Festgeld kassieren. Aber leider fiel die Inflationsrate in Deutschland und der Welt noch höher aus. Real machten Sparerinnen und Sparer Verluste. Auch über lange Zeiträume hat sich gezeigt: Mit schlecht verzinstem Tagesgeld sparen sich Sparer ärmer. Positive Renditen nach Abzug der Inflationsrate und Steuern lassen sich dauerhaft nur mit Investitionen in Sachwerte wie Aktien, Aktienfonds und Exchange Traded Funds (ETF) erzielen. Ja: Diese Anlagen sind auf kurze und mittlere Sicht von ein, zwei oder drei Jahren mit größeren Verlustrisiken verbunden. Aber darum geht es beim langfristigen Vermögensaufbau nicht. Wer viele Jahre und Jahrzehnte Zeit hat, kann die Schwankungen an den Aktienmärkten aussitzen – und in der Rentenphase vom Zinseszins und der überlegenen Rendite der Sachwerte profitieren.

Was sind Aktien?

Mit „Aktien" verbinden viele Sparerinnen und Sparer vor allem das Wort „Risiko". Angesichts einiger kräftiger Einbrüche an den Börsen, zuletzt in der Covidkrise, ist das zwar verständlich, aber eben auch nur die halbe Wahrheit. Denn vor allem über längere Zeiträume überwiegen die Chancen: Auf lange Sicht können Anlegerinnen und Anleger mit Aktien deutlich höhere Renditen erwirtschaften als mit Staatsanleihen oder konventionellen Sparanlagen. Diese Chance sollten Sie nutzen. Die größten deutschen und internationalen Unternehmen sind Aktiengesellschaften. An diesen Aktiengesellschaften können Sie sich bereits mit kleineren Anlagesummen beteiligen. Mit dem Kauf von Aktien werden Sie zu einem kleinen Teil Miteigentümer eines Unternehmens. Das bringt die Chance auf Kursgewinne und attraktive Dividenden, aber auch das Risiko von Kursverlusten. Als Miteigentümer einer AG können Aktionärinnen und Aktionäre die Jahreshauptversammlung ihres Unternehmens besuchen und ihr Stimmrecht wahrnehmen. Darüber hinaus haben sie Anspruch auf Bezugsrechte, Ausgleichs-, Umtausch- und Abfindungszahlungen sowie eine Beteiligung am Liquidationserlös, falls die Aktiengesellschaft aufgelöst wird. Zudem bekommen Sie in der Regel eine Dividende, denn die meisten Unternehmen schütten einen Teil des erzielten Gewinns an die Aktionäre aus. Über die Verwendung des Gewinns entscheidet die Hauptversammlung.

Es gibt verschiedene Aktienarten wie Inhaberaktien, Namensaktien, Nennwert- oder Stückaktien. Diese Unterschiede sind für Kleinaktionärinnen eher zweitrangig. Wichtiger ist die Unterscheidung zwischen Stamm- und Vorzugsaktien. Stammaktien sind der Standard an der Börse. Mit Stammaktien haben Sie alle Rechte eines Aktionärs. Manche Unternehmen geben parallel auch Vorzugsaktien aus. Bei den Vorzügen verzichten Anleger auf ihr Stimmrecht. Großaktionäre mögen das nicht, sie wollen Einfluss nehmen. Kleinanlegern ist das meist weniger wichtig, zumal der Verzicht meist durch eine etwas höhere Dividende versüßt wird. Daneben gibt es Aktien mit Mehrfachstimmrecht. Sie sichern ihren Besitzerinnen und Besitzern (oft den Unternehmensgründern) eine Stimmrechtsmehrheit, auch wenn sie nicht mehr die Mehrheit der Aktien halten.

Wie entsteht ein Aktienkurs?

Wenn ein Unternehmen erfolgreich ist, profitieren davon auch die Aktionäre. Denn wenn das Unternehmen seine Gewinne nachhaltig erhöhen kann, steigt in der Regel auch der Preis (Kurs) der Aktie. Denn dann nimmt das Interesse der Anleger und damit die Nachfrage nach Aktien des Unternehmens zu. Aktien werden an Börsen gehandelt. Ihr Kurs entsteht durch Angebot und Nachfrage. Ausschlaggebend für die Nachfrage sind die Erwartungen der Anleger. Je nachdem, wie die Mehrheit der Marktteilnehmer die Aussichten des Unternehmens einschätzt, steigen oder fallen die Aktienkurse.

Die Börse ist der Marktplatz für Aktien. Früher wurde an sogenannten „Präsenzbörsen" gehandelt: Börsenmakler, damals noch fast durchgehend männlich, haben Kauf- und Verkaufsaufträge auf dem Parkett koordiniert. Die Aufgabe der Makler übernehmen heute die elektronischen Handelssysteme wie etwa Xetra an der Frankfurter Börse. Dabei wird der aktuelle Aktienpreis aus den vorliegenden Kauf- und Verkaufsangeboten errechnet. Für jede Aktie und auch für jedes andere Wertpapier gibt es eine Liste von Kaufangeboten mit der jeweiligen Preisvorstellung. Zu diesen Preisen sind Marktteilnehmer und Markteilnehmerinnen bereit, die Aktie zu kaufen. Auf der anderen Seite stehen die Verkaufsangebote mit dem jeweils gewünschten Mindestpreis. Als Marktpreis wird im Orderbuch der Preis ermittelt, zu dem die meisten Aktien ihren Besitzer wechseln können.

Was kostet der Aktienhandel?

Um Aktien und andere börsennotierte Wertpapiere kaufen und verkaufen zu können, brauchen Anlegerinnen ein Wertpapierdepot. Je nach Depotanbieter werden dann Depotgebühren, fixe oder flexible Ordergebühren fällig. Oder aber der Anbieter profitiert von einer weiten Spanne zwischen Kauf- und Verkaufspreis, dem sogenannten Spread. Die Kosten des Aktienhandels lassen sich durch die Wahl eines passenden Bankpartners minimieren.

Depotgebühren

Ein Depot können Sie online bei Ihrer Bank, bei Direktbanken oder Neobrokern eröffnen. Bei einer Bank ist der Gang in die Filiale einschließlich Beratung möglich. Wenn Sie sich für eine kostengünstigere Direktbank entscheiden, können Sie den Antrag auf ein Depot am Computer ausfüllen, ausdrucken und abschicken. Nach einer Identitäts-Überprüfung per Post-Ident, Video-Ident oder Online-Ausweisfunktion des Personalausweises erhalten Sie Ihre Zugangsdaten zum Online-Banking. Depotgebühren werden auch Depotführungsgebühren genannt. Sie werden als Grundgebühr in der Regel monatlich oder quartalsweise vom Kundenkonto abgezogen. Mit ihnen finanzieren Filialbank oder Online-Broker Fixkosten. Die meisten Online-Broker und auch die sogenannten Neobroker wie Trade Republic oder Scalable Capital verzichten allerdings inzwischen auf Depotgebühren. Einige bieten Depots grundsätzlich gebührenfrei an, andere nur bei bestimmten Mindestumsätzen oder etwa einem Fonds- oder ETF-Sparplan.

Unsere Finanz-Expertinnen und -Experten untersuchen regelmäßig Depots und ihre Kostenstrukturen. Anhand von drei Modellfällen haben sie die Depotpreise von 25 Filialbanken und 13 Direktbanken verglichen. Dabei traten riesige Unterschiede zutage. Beispiel Orderkosten: Bei den billigsten Banken kann man Wertpapiere schon für eine Gebühr von weniger als zehn Euro kaufen. Bei anderen Anbietern kann ein ETF-Kauf im Wert von 12000 Euro das 25-Fache kosten. Der Depot-Vergleich bietet einen Überblick, welche Depots für aktive und weniger aktive Anleger am günstigsten sind. Derzeit sind über 60 Depots in unserem Wertpapierdepot-Vergleich enthalten – davon 16 Depots immer ohne Verwahrkosten. Alle Details zur Untersuchung und stets aktuelle Daten finden Sie online unter test.de/depot.

Ordergebühren

Bei jedem Kauf oder Verkauf von Wertpapieren werden Gebühren fällig, wobei die Anbieter unterschiedliche Gebührenmodelle nutzen. Bei einer Ordergrundgebühr wird unabhängig vom Ordervolumen ein fixer Betrag in Rechnung gestellt, z. B. 4,90 Euro. Das rechnet sich vor allem bei großen Orders. Andere Broker verlangen eine variable Gebühr, also einen Prozentsatz von der Order, z. B. 0,25 Prozent des Auftragsvolumens, was wiederum für kleine Orders die günstigere Variante ist. Dazu kommen die Börsenplatzgebühren. Deren Höhe hängt vom Börsenplatz ab. Am teuersten sind die deutschen Regionalbörsen. Im Xetra-Handel liegt die Gebühr für eine 2500-Euro-Order unter einem Euro. Die Handelsplätze Tradegate und Quotrix erheben gar keine Gebühren.

Spread

Beim Handel mit Wertpapieren gibt es in der Regel zwei Preisindikatoren: den „Geldkurs“, der den Preis beschreibt, zu dem Käufer bereit sind, ein Wertpapier zu kaufen – zu diesem Kurs kann ein Anleger also verkaufen. Und den „Briefkurs“, der Preis, zu dem Händler verkaufen wollen und Anleger entsprechend kaufen können. Der Briefkurs liegt immer höher oder gleichauf mit dem Geldkurs, die Differenz zwischen beiden Kursen wird Spread genannt. Je kleiner der Spread, also die Differenz zwischen Kauf- und Verkaufskurs, umso attraktiver für Anleger. Je größer der Spread, desto höher die Marge des Händlers.

Der Spread ist keine fixe Größe, sondern unterscheidet sich je nach Handelsplatz, Handelszeit und gehandeltem Wertpapier. Dabei gilt: Je liquider ein Wertpapier, also je mehr es gehandelt wird, desto geringer der Spread. Andersherum ist die Handelsspanne bei exotischen Wertpapieren und selten gehandelten Aktien größer. Die Höhe des Spreads schwankt im Tagesverlauf und ist auch vom Börsenplatz abhängig. Am geringsten fällt er in der Regel während der regulären Handelszeiten (werktags von 9:00 bis 17:30 Uhr) im Xetra-Handel aus. Bei ETF sorgt zusätzlich ein spezieller Market Maker auf Xetra für Liquidität, so dass die meisten ETF auch ohne regen Handel mit engen Geld-Brief-Spannen gehandelt werden können. Andere Börsen können dann die Xetra-Liquidität nutzen und vielleicht für Kleinanleger attraktivere Konditionen bieten.

Einige der neuen, besonders günstigen Anbieter bieten aber nur einen Handelsweg. Dann hat man als Anleger keine Wahl und muss diesen nehmen und darauf vertrauen, dass die Geld-Brief-Spannen fair sind.

Wie kann man Aktien auswählen?

Aktien gibt es in Deutschland und der Welt zuhauf. Aber welche ist gut und attraktiv bewertet? Verschiedene Analysemethoden helfen bei der Suche nach der geeigneten Investition.

Die Entwicklung der Aktienmärkte insgesamt wird wesentlich von der gesamtwirtschaftlichen und monetären Entwicklung bestimmt. Anlageprofis reagieren auf eine Vielzahl von Konjunkturindikatoren. Wirtschaftswachstum ist tendenziell gut für Unternehmen und ihre Aktienkurse. Denn bei funktionierender Wirtschaft steigen Unternehmensgewinne in der Regel auf breiter Front. Allerdings entwickelt sich die Börse selten parallel zur Konjunktur. Vielmehr laufen die Aktienkurse der wirtschaftlichen Entwicklung voraus, weil sich in den Kursen die Zukunftserwartungen der Marktteilnehmer spiegeln.

Das heißt: Auch in einem tiefen Konjunkturtal mit Minuswachstum können die Börsenkurse steigen, wenn eine Besserung der wirtschaftlichen Lage in Sicht ist – und wenn in der Wirtschaft scheinbar noch alles mit hohen Wachstumsraten und niedriger Arbeitslosigkeit zum Besten scheint, kann die Börse schon wieder den Rückwärtsgang einschalten. Ein Beispiel für die Zukunftsorientierung der Börsianer lieferte die Covidkrise im Jahr 2020. Als sich im Februar die Pandemie abzeichnete, brachen die Kurse weltweit ein. Aber schon im Spätfrühjahr 2020 begannen sie wieder zu steigen – trotz Lockdowns, großer Unsicherheit und weit vor den ersten Impfungen.

Ein wichtiger Indikator für die Börse ist das Zinsniveau beziehungsweise die Zinspolitik der Notenbanken. Die Grundregel: Hohe Zinsen sind Gift für die Börsen, denn dann wird die Unternehmensfinanzierung teuer und die Anlagealternative „Anleihen" attraktiver. Niedrige Zinsen dagegen mögen Börsianer gern, weil sie Investitionen erleichtern. Aber auch bei der Zinsanalyse gilt: Entscheidend ist der Trend. Wenn die Zinsen von einem hohen Niveau wieder sinken, freuen sich die Anlegerinnen und honorieren das tendenziell mit steigenden Kursen. Umgekehrt führen steigende Zinsen nicht selten zu Abverkäufen, selbst wenn das Zinsniveau absolut noch relativ niedrig ist.

Fundamentalanalyse

Die konjunkturelle Analyse und die Beobachtung der Zinsentwicklung geben Hinweise auf die Großwetterlage für Aktien. Länder- und Branchenanalysen fokussieren sich auf Aktiengruppen. Diese Verfahren können aber kaum die Frage beantworten, welche Einzelwerte auf dem aktuellen Kursniveau kaufenswert sind. Darum kümmert sich die Fundamentalanalyse. Mit ihr prüfen Anleger die aktuelle Situation eines Unternehmens und leiten daraus Prognosen für die Zukunftschancen des Analyseobjektes ab. Die Kernfragen der Fundamentalanalyse können Sie sich auch als Anleger stellen, wenn Sie in ein Unternehmen investieren wollen.

Zunächst einmal ist es als Grundvoraussetzung wichtig, dass das Unternehmen Produkte hat, die am Markt von Konsumenten und Konsumentinnen nachgefragt werden. In seinem Segment sollte das Unternehmen zudem möglichst Marktführer sein beziehungsweise zu den Marktführern gehören. Denn in den Nischen ist es schwierig, nachhaltiges Wachstum zu erzielen.

Ideal scheint es, wenn Unternehmen sehr innovativ sind oder sogar über einen sogenannten „Burggraben" verfügen, der sie vor Nachahmern zeitweise oder gar dauerhaft schützt. Ein Beispiel dafür ist Apple mit seiner eingeschworenen Fangemeinde oder Nvidia, die im Jahr 2024 die schnellsten Computerchips für Anwendungen der Künstlichen Intelligenz liefern konnte. Burggräben sind vor allem dann wirklich wichtig, wenn das Unternehmen in einer Wachstumsbranche tätig ist und regelmäßig Umsätze und Gewinne steigern kann. Schließlich ist die Konkurrenzsituation wichtig: Gerade bei einfachen Produkten und Dienstleistungen können Unternehmen sonst schnell von Preisbrechern überholt werden. Eine Vielzahl von Analysten und Expertinnen sind bei Banken und Investmenthäusern beschäftigt und beschäftigen sich mit der Untersuchung der Unternehmen. Sie prüfen intensiv die Geschäftszahlen, befragen das Management bei Analystenkonferenzen und geben ein Urteil über das Unternehmen und seine Kurschancen ab – für ihr Finanzinstitut, aber auch für die gesamte Anlegerschaft. In ihrem Urteil stützen sie sich auf etliche Kriterien und Kennzahlen, die auch für Sie nachvollziehbar sind.

Kurs-Gewinn-Verhältnis (KGV)

Die bekannteste Kennzahl der fundamentalen Analyse ist das Kurs-Gewinn-Verhältnis (KGV). Das KGV gibt an, wie häufig der Gewinn des Unternehmens im aktuellen Kurs enthalten ist. Für die Berechnung des KGV braucht man den Kurswert der Aktie und den letzten offiziell bekannt gegebenen beziehungsweise geschätzten Gewinn pro Aktie. Ein Beispiel: Der Gewinn pro Aktie liegt bei einem Unternehmen bei drei Euro, der Kurs bei 45 Euro. Daraus errechnet sich:

Berechnung des Kurs-Gewinn-Verhältnisses

Aktueller Kurswert / Gewinn pro Aktie = KGV

45 Euro / 3 Euro = 15

Das KGV gibt an, ob eine Aktie aktuell eher teuer oder preiswert ist. Tendenziell gilt: Ein niedriges KGV birgt Potenzial für den Aktienkurs. Dabei ist zu beachten, dass das durchschnittliche KGV von Land zu Land und Branche zu Branche unterschiedlich ist. So liegt das KGV für US-Aktien traditionell höher als in Deutschland oder auch in Europa. Mitte 2024 etwa notiert das Durchschnitts-KGV im Euro STOXX 50 bei gut 13. Der S&P 500 war mit rund 20 etwa 50 Prozent höher bewertet. Das liegt allerdings auch an der unterschiedlichen Gewichtung der Branchen in den jeweiligen Indizes.

Der S&P etwa wird wesentlich von Technologieaktien geprägt. Aktien mit starkem Gewinnwachstum wie Apple, Microsoft oder Nvidia wird am Markt ein deutlich höheres KGV zugebilligt als Pharmawerten oder zyklischen Werten aus der Automobilbranche. Eine besondere Aussagekraft gewinnt die KGV-Analyse bei historischen Vergleichen: Wenn das aktuelle KGV einer Aktie deutlich niedriger ist als früher, kann die Firma eine Schwächeperiode haben – oder sie ist aktuell an der Börse unterbewertet und birgt entsprechende Kurschancen.

Buchwert

Der Buchwert spiegelt den Substanzwert eines Unternehmens wider. Dazu gehören alle Vermögensgegenstände abzüglich der Schulden. Geteilt durch die Anzahl der Aktie ergibt sich das Kurs-Buchwert-Verhältnis. Bei einem Kurs von 90 Euro und einem Buchwert pro Aktie von 60 Euro ergibt sich:

Berechnung des Kurs-Buchwert-Verhältnisses

Aktueller Kurswert / Buchwert = KBV

90 Euro / 60 Euro = 1,5

Theoretisch markiert ein Buchwert von 1 den möglichen Tiefkurs. Aktien mit einem Kurs-Buchwert-Verhältnis von 1 gelten demnach als „sichere Bank", weil eine Aktie eigentlich nicht unter ihren Buchwert fallen dürfte, da er die Summe markiert, die bei einer Liquidation des Unternehmens und anschließendem Verkauf der Vermögensgegenstände zu erzielen wäre.

Wenn die Kurs-Buchwert-Grenze von 1 unterschritten wird, ist oft ein schwerer Börseneinbruch für diesen Ausnahmezustand verantwortlich. Substanzstarke Aktien haben dann Aufholpotenzial. Manchmal jedoch ist der Buchwert einfach zu hoch angesetzt worden, etwa wenn die Maschinen veraltet oder das Geschäftsmodell überholt ist.

Charttechnische Analyse

Die Fundamentalanalyse beurteilt die längerfristigen Aussichten einer Aktie. Sie kann aber selten den optimalen Kauf- und Verkaufszeitpunkt angeben – also nicht das richtige Timing liefern. Börsenprofis und kurzfristig orientierte Privatanlegerinnen nutzen deshalb bei der Ermittlung des idealen Einstiegszeitpunktes zusätzlich die sogenannte Technische Analyse.

Die Technische Analyse „übersetzt" die Kurse von Aktien oder Indizes in Statistiken und Diagramme. Aus diesen Diagrammen liest sie die mutmaßlich weitere Kursentwicklung sowie mögliche Ein- und Ausstiegszeitpunkte ab. Sie folgt dabei der Annahme, dass in den Kursen alle Informationen enthalten sind und sich die Kurse in Trends entwickeln. Diese Trends wiederholen sich in zyklischen Abständen.

Entsprechend wiederholen sich Trendformationen aus der Vergangenheit in der Zukunft. Deshalb lassen sich Reaktionen von Käufern und Verkäufern vorhersagen. Die Technische Analyse liefert Handelssignale und ist vor allem für Trader wichtig, die ihre Aktie relativ schnell kaufen und verkaufen. Langfristig orientierte Käufer achten weniger auf diese Analysemethode.

Zwei Renditequellen von Aktien: Dividende und Kursgewinne

Bei Aktien gibt es zwei wichtige Renditequellen: Kursgewinne einerseits und Dividenden beziehungsweise andere Ausschüttungen andererseits. Langfristig kommt es für Anlegerinnen und Anleger auf den Gesamtertrag an.

Unabhängig von der Renditequelle: Am Ende zählt, was unter dem Strich bei einem Investment herauskommt. Dabei hat sich über die vergangenen Jahrzehnte gezeigt, dass in Deutschland und Europa gut die Hälfte der Rendite von Aktienanlagen aus Kurssteigerungen, die andere knappe Hälfte aus den Dividendenausschüttungen kommt.

In den Vereinigten Staaten liegt der Anteil der Kursgewinne dagegen deutlich höher. Beide Zahlen sind allerdings nur grobe Durchschnittswerte. Je nach Anlagemarkt und Index können die Anteile durchaus unterschiedlich ausfallen.

Die Bedeutung von Dividenden

Die Dividende ist der Teil des Unternehmensgewinns, der an die Aktionäre ausgeschüttet wird. In Deutschland wird die Höhe der Dividende in der Jahreshauptversammlung (HV) festgelegt. Die findet bei den meisten Unternehmen im Frühjahr nach dem abgeschlossenen Geschäftsjahr statt (meist im April oder Mai). Die Dividende wird am Tag nach der HV ausgezahlt, für das Jahr 2023 also dann im April oder Mai 2024. Abweichungen gibt es bei Unternehmen, die ein sogenanntes „gebrochenes" Geschäftsjahr haben. Beim DAX-Mitglied Siemens etwa stimmt das Kalenderjahr nicht mit dem Geschäftsjahr überein. Das Geschäftsjahr dauert bei Siemens immer vom 1. Oktober bis zum 30. September. Entsprechend finden die Hauptversammlung und die folgende Dividendenausschüttung bei Siemens traditionell im Januar oder Februar statt.

Zur Jahreshauptversammlung schlagen der Vorstand und der Aufsichtsrat eine bestimmte Dividendenhöhe vor. Die Aktionäre und Aktionärinnen müssen diesem Vorschlag mehrheitlich zustimmen, damit er wirksam wird. Das geschieht im Regelfall auch. Denn die institutionellen Investoren wie Investmentgesellschaften, Banken, Versicherungen oder Pensionsfonds vertreten über das Depotstimmrecht die meisten Aktionäre. Mit diesen institutionellen Investoren und auch einzelnen Großaktionären ist der Dividendenvorschlag des Unternehmens meist schon im Vorfeld der Jahreshauptversammlung abgestimmt.

In Europa wird der Dividende eine etwas größere Bedeutung zugemessen als in den USA. Im Deutschen Aktienindex (DAX) mit seinen 40 Werten liegt die durchschnittliche Dividendenrendite langfristig bei rund 3 %. Im Euro STOXX, der noch einen höheren Anteil an besonders dividendenstarken Versorgern, Banken und Versicherungen enthält, gibt es im Schnitt sogar noch ein bisschen mehr. Dagegen liegen die durchschnittlichen Dividenden im wichtigsten Index der amerikanischen Börsen, dem S&P 500, etwa bei zwei Prozent. Dazu kommen hier aber noch stärker ausgeprägte Aktienrückkäufe.

Aktienrückkäufe sind vor allem im angelsächsischen Raum beliebt. Sie liefern keinen direkt messbaren Beitrag zur Gesamtrendite. Wenn aber ein Unternehmen die Zahl seiner Aktien durch Rückkäufe an der Börse reduziert, steigt der Gewinn pro verbliebene Aktie. Das führt tendenziell sowohl zu einer höheren Dividendenausschüttung pro Aktie als auch zu einer positiven Auswirkung auf die Kursperformance.

Noch geringer als im S&P 500 fallen die Ausschüttungen im NASDAQ100 aus. In diesem Auswahlindex der amerikanischen Technologiebörse sind vor allem wachstumsstarke Werte aus den Sektoren Biotech, Technologie und E-Commerce notiert. Einige von ihnen sind noch recht jung und in der Aufbauphase. Sie sind an der Börse schon hoch bewertet und wachsen zum Teil stürmisch, erwirtschaften aber noch keine Gewinne. Entsprechend gibt es nichts auszuschütten. Andere könnten zwar ohne Probleme Dividenden ausschütten, weil sie zum Teil exorbitante Gewinne erzielen. Sie investieren aber lieber in neue Geschäftszweige als in kleine Ausschüttungen an die Aktionäre. Bei einer dritten Gruppe fällt die Dividendenrendite trotz regelmäßiger Steigerungen der Ausschüttungen vergleichsweise gering aus. Dazu gehören zum Beispiel die Technologiegiganten Apple und Microsoft.

Der Verzicht auf Dividenden muss für Anleger nicht schlecht sein. Denn durch hohe Investitionen in neue Maschinen oder Produkte steigern Unternehmen meist ihren Zukunftswert. Schließlich ermöglichen die Investitionen von heute die Gewinne von morgen. Apple etwa hat über viele Jahre keine Dividenden ausgeschüttet. Erst als Apple schon das an der Börse teuerste Unternehmen der Welt war, begann der von Steve Jobs gegründete Konzern mit ersten zarten Ausschüttungen. Obwohl der Konzern die Dividende seitdem kontinuierlich steigerte, ist sie dennoch für Apple-Aktionäre nur ein kleines Zubrot. Das stört sie aber nicht, weil der Kurs der Aktie sich über die Jahre vervielfacht hat.

Die Bedeutung von Kursgewinnen

Bei Einzelwerten schauen die meisten Anleger vor allem auf die Kursentwicklung. Ein kräftiger Anstieg des Börsenkurses ist durchaus spektakulärer als die Einnahmen durch regelmäßig ausgeschüttete Dividenden. In guten Börsenzeiten wird bei steigenden Kursen ein Großteil der Gesamtrendite durch diese Kurssteigerungen erzielt. Das zeigt sich insbesondere in Technologieindizes wie dem Nasdaq 100 oder dem deutschen TecDAX. Auch der MSCI World Index, der stark von US- und Technologiewerten geprägt ist, verzeichnete in den vergangenen Jahren deutliche Kurssteigerungen. Für die Wertentwicklung wird auch der Begriff Performance verwendet. Die Performance macht den Erfolg verschiedener Investments vergleichbar. Sie wird in Prozent angegeben.

Dennoch machte die Kurssteigerung bei Aktienanlagen in Europa und Deutschland im Durchschnitt nur gut 50 Prozent der Gesamtrendite aus. Denn im Gegensatz zu Dividenden, die im schlechtesten Fall ausfallen können, kann es mit den Aktienkursen auch deutlich bergab gehen. Das gilt insbesondere für Einzelwerte, bei denen bei extrem schlechter Geschäftsentwicklung und Insolvenz sogar Totalverluste möglich sind. Aber auch Indizes in ihrer Gesamtheit können binnen Jahresfrist deutlich an Wert verlieren. Im Deutschen Aktienindex (Dax) ist das seit der Jahrtausendwende immerhin in sieben Kalenderjahren vorgekommen.

Bergab geht es an der Börse zudem gemeinhin schneller und stärker als bergauf: In schwachen Börsenphasen, die in der Börsensprache „Baisse" genannt werden, fallen die Kursabschläge mitunter sehr deutlich aus. So verlor der DAX in sechs von den sieben Jahren mit roten Zahlen gleich zweistellig an Wert. Im schwächsten Jahr 2002 gab er um fast 45 Prozent nach. Wohlgemerkt ist das ein Durchschnittswert. Einzelnen Werten ging es noch bedeutend schlechter – sie verloren teilweise 70 oder 80 Prozent. Verluste wirken sich prozentual deutlicher aus als Gewinne. 50 Prozent Verlust ist nicht mit einem Kursplus um 50 Prozent auszugleichen. Nach einem Minus von 50 Prozent (etwa von 6000 Punkte auf 3000 Punkte) muss ein Index 100 Prozent gutmachen, um wieder auf seinem Ausgangsstand anzukommen. Das Überschreiten des bisherigen Allzeithochs gelang dem DAX nach seinem vorläufigen Höchststand im Jahr 2000 erst wieder im Jahr 2007. Gleich danach setzte die Finanzkrise ein und schickte das wichtigste deutsche Börsenbarometer gleich noch einmal in die Tiefe, und es dauerte wieder knapp sechs Jahre, bis das Hoch vor Krisenbeginn erreicht war. Auch das hatte das wichtigste deutsche Börsenbarometer maßgeblich den im Performanceindex enthaltenen Dividendenzahlungen zu verdanken. Denn der ohne Dividenden berechnete Kurs-DAX toppte sein Allzeithoch aus dem Jahr 2000 sogar erst im Jahr 2015 wieder. Ohne Dividenden hatten DAX-Anleger in all den Jahren also nichts außer Spesen, sprich: Kosten für die Aktienanlage. In den Jahren danach allerdings konnte die Kursentwicklung wieder mehr zur Gesamtperformance beitragen.

Dividenden im Detail

„Aktionäre sind dumm und frech. Dumm, weil sie Aktien kaufen, und frech, weil sie dann noch Dividende haben wollen."

So spottete der deutsche Bankier Carl Fürstenberg vor über 100 Jahren. Als Frechheit kann man das Verlangen nach dividendenstarken Aktien in der heutigen Zeit kaum bezeichnen. Dividenden sind ein wichtiges Argument für die Aktien eines Unternehmens. „Dividenden sind die neuen Zinsen", warben etwa die Anbieter von Dividendenfonds und Dividenden-ETF in Niedrigzinszeiten.

Das stimmte natürlich nicht, denn im Gegensatz zu Anleihezinsen sind Dividenden nicht garantiert. Zudem können auch dividendenstarke Aktien zwischenzeitlich durchaus deutlich an Wert verlieren. Gleichwohl ist der Fokus auf Dividenden eine beliebte Strategie. Anleger können bei dividendenstarken Unternehmen erwarten, dass diese stabile Gewinne erwirtschaften und ihre Aktionäre angemessen am Erfolg des Unternehmens beteiligen.

Warum schütten manche Firmen aus, manche nicht?

Für Unternehmen zahlt es sich aus, wenn sie als zuverlässige Dividendenzahler bekannt sind. Denn eine üppige Dividende, am besten noch jährlich steigend, ist ein Ausweis von Gesundheit und stetiger Entwicklung. So stärkt sie die Bindung der Anleger. Gerade konservativere Sparerinnen und Sparer, die einen Großteil des Vermögens in Festgelder und Rentenpapiere investieren, legen auch bei Aktienanlagen Wert auf regelmäßige Ausschüttungen und Erträge. Zudem beruhen zahlreiche etablierte Anlagestrategien auf dem Dividendenansatz.

Es gibt inzwischen eine Vielzahl von Dividendenfonds und Dividenden-ETF, die auf diese Strategie setzen. Sie hatten vor allem in schwierigeren Zeiten an den Börsen einen hohen Absatz, weil dividendenstarke Aktien in solchen Phasen meist stabiler als der Gesamtmarkt sind. Betrachtet man die Gesamtrendite, sind Dividendenwerte in den vergangenen Jahren zwar deutlich hinter wachstumsstarken Technologieaktien zurückgeblieben, aber viele Anlegerinnen handeln nach dem Motto „Safety first" und sind bereit, dafür Abstriche bei der Rendite zu machen – zumal auch die Dividendenstrategien in absoluten Zahlen noch eine positive Performance lieferten.

Mit einer regelmäßigen üppigen Ausschüttung können dividendenstarke Unternehmen ein geringeres unternehmerisches Wachstum ausgleichen. Gerade bei großen Konsum- oder Pharmawerten verläuft das Geschäft weitgehend linear. Starke Einbrüche bei Umsatz und Gewinn sind zwar selten, ebenso aber auch Umsatz- und Gewinnsprünge im zweistelligen Bereich. Entsprechend können diese Unternehmen kaum mit enormen Kurssteigerungen an der Börse rechnen. Die jährliche, oder im angelsächsischen Raum vierteljährliche, Dividendenausschüttung ist eine Kompensation für die fehlende Kursfantasie. Umso wichtiger allerdings ist die jährlich pünktliche Ausschüttung – die Dividendenkontinuität.

Gleichwohl gibt es zahlreiche Unternehmen, die auf Dividendenzahlungen verzichten. Dafür gibt es unterschiedliche Gründe. Bei einigen läuft das Geschäft nicht ausreichend gut. Wo keine Gewinne erwirtschaftet werden, kann auch keine Dividende als Anteil daran gezahlt werden. Zumindest gilt das bei einem dauerhaft anfallenden Verlust. Bei einem einzelnen Verlustjahr aufgrund von höherer Gewalt, wie etwa in der Covidkrise, haben etablierte Dividendenwerte im Regelfall trotzdem aus der Substanz ausgeschüttet, um ihren Nimbus nicht zu verlieren. Eine Dauerlösung darf das jedoch nicht sein.

Einige Unternehmenschefs glauben wiederum, dass sie mit dem Kapital besser umgehen können als ihre Aktionäre und nutzen die Gewinne ausschließlich für Investitionen und Zukäufe. Zu dieser Kategorie gehörte einer der berühmtesten Investoren der Welt – Warren Buffett. Seine Unternehmensholding Berkshire Hathaway hat seit 1965 niemals

Dividenden gezahlt. Bei jährlichen Kurssteigerungen von oft deutlich über 10 Prozent haben es ihm die Anleger jedoch gerne verziehen. Andere wiederum bevorzugen die sogenannten Aktienrückkäufe. Dabei erwirbt das Unternehmen ihre eigenen Aktien an der Börse, um sie anschließend einzuziehen. Die Auswirkung: Der Gewinn je verbliebener Aktie steigt an. Das führt in der Regel zu Kurssteigerungen.

Worauf sollen Dividendenanleger achten?

„Wissen Sie, was das Einzige ist, das mir Freude bereitet? Zu sehen, wie meine Dividenden hereinkommen", soll John D. Rockefeller, Begründer von Standard Oil, schon im Jahre 1901 gesagt haben. Dass Rockefeller sein einziges (finanzielles) Vergnügen an den regelmäßigen Ausschüttungen seines Aktiendepots fand, darf bezweifelt werden. Immerhin profitierte er auch von Kurszuwächsen und galt damals als einer der reichsten Menschen der Welt. Aber regelmäßige Dividendeneinnahmen sorgen schon für Freude und Beruhigung. Kein Wunder, dass die Dividendenstrategie viele Anhänger hat, zumal sie auf den ersten Blick leicht verständlich ist.

Aber Dividenden sind keine Zinsen. Sie sind eine Art Prämie dafür, dass der Aktionär Risiken trägt und dem Unternehmen Kapital zur Verfügung stellt. Zudem sinkt der Kurs am Tag der Dividendenzahlung um den Wert der Dividende. Im Gegensatz zum festen Zins einer konventionellen Anleihe ist die Gewinnausschüttung nicht garantiert, sondern hängt vom Geschäftserfolg des Unternehmens ab. Entsprechend sollten Anleger bei der Auswahl von Dividendenwerten Sorgfalt walten lassen: Die wichtigsten Begriffe rund um die Dividende sind die Dividendenrendite, die Ausschüttungsquote und die Dividendenkonstanz beziehungsweise das Dividendenwachstum.

Dividendenrendite: Es kommt nicht nur auf die Höhe an

Der bekannteste Begriff rund um die Dividende ist die Dividendenrendite. Die Kennzahl setzt die gezahlte Dividende ins Verhältnis zum aktuellen Kurs. Die Formel lautet:

Berechnung Dividendenrendite

Dividende × 100 % / Aktienkurs = Dividendenrendite

Bei einem aktuellen Kurs einer Aktie von 100 Euro und einer Dividende in Höhe von drei Euro lautet die Rechnung daher:

Dividendenrendite = 3 Euro × 100 % / 100 Euro = 3 %

Eine Dividendenrendite von drei Prozent entspricht etwa der Dividendenrendite der 40 Aktien im DAX im langjährigen Durchschnitt. Allerdings darf man bei der Betrachtung einer einzelnen Aktie nicht vergessen, dass die Dividendenrendite ein Quotient ist. Dieser Quotient hängt von zwei Faktoren ab: Der Höhe der Ausschüttung und der Entwicklung des Aktienkurses. Eine attraktive Dividendenrendite ist gut, dient sie doch als Verlustpuffer in Zeiten sinkender Kurse. Aber es macht wenig Sinn, wenn man allein auf die Höhe der Dividendenrendite achtet. Denn eine hohe Dividendenrendite kann auch ein Warnzeichen sein.

Nehmen wir das Beispiel oben. Angenommen, der Aktienkurs bräche bei konstanter Dividende wegen magerer Geschäftsaussichten auf 50 Euro ein. Das bedeutete:

Dividendenrendite = 3 Euro × 100 % / 50 Euro = 6 %

In diesem Fall stiege die Dividendenrendite zwar auf weit überdurchschnittliche sechs Prozent. Das wäre für den Anleger jedoch nur eine minimale Kompensation für die erlittenen Kursverluste. Denn was nutzt die Verdoppelung der Dividendenrendite bei 50 Prozent Kursverlust? Solche Erfahrungen mussten Anleger etwa in der Finanzkrise 2008 bei Bankaktien machen. Die Börsen hatten die anstehenden Probleme schon antizipiert und die Kurse fielen zunehmend. Zunächst blieben die Ausschüttungen stabil und die Dividendenrenditen legten kräftig zu. Danach brachen die Kurse noch stärker ein und viele Banken zahlten überhaupt keine Dividenden mehr.

Eine sinkende Dividendenrendite muss kein Problem sein. Das gilt dann, wenn der Aktienkurs prozentual einfach noch schneller steigt als die Dividendenausschüttung. So geschah es in der Vergangenheit bei Technologiewerten wie Apple oder Microsoft, aber zum Beispiel auch bei der dänischen Novo Nordisk. Der Diabetesspezialist steigert schon seit Jahrzehnten seine Ausschüttungen. Mit dem Durchbruch der „Abnehmspritze" stieg der Kurs fulminant an. Gemessen an unserem Zahlenbeispiel oben werden sich Aktionäre nicht beschweren, wenn die Dividendenrendite aufgrund einer starken Kurssteigerung auf 150 Euro nunmehr nur noch zwei Prozent betragen würde.

Dividendenrendite = 3 Euro × 100 % / 150 Euro = 2 %

Interessant für Anleger ist auch der Einstiegskurs, zu dem sie das Papier einst gekauft haben. Insbesondere bei Aktien mit einer langjährigen Kurs- und Dividendensteigerung kann die effektive Verzinsung auf das eingesetzte Kapital für langjährige Aktionäre enorm hoch sein. Hat der Aktionär etwa das Papier 30 Jahre zuvor bei einem Kurs von 10 Euro und einer damaligen Dividende von 30 Cent gekauft, liegt seine aktuelle effektive Verzinsung bei einer aktuellen Dividende von drei Euro und einem aktuellen Kurs von 100 Euro bei 30 Prozent!

Effektive Verzinsung: 3 Euro × 100 % / 10 Euro = 30 %

Eine Verzehnfachung des Kurses binnen 30 Jahren scheint auf den ersten Blick unrealistisch zu sein. Sie entspricht aber einer durchschnittlichen jährlichen Kurssteigerung von acht Prozent. Eine solche Kurssteigerung ist zahlreichen Aktien in den vergangenen 30 Jahren gelungen. Der amerikanische S&P-Index hat sich in diesem Zeitraum verzwölffacht, der zuletzt so starke MSCI World Index allerdings nur versechsfacht.

Ausschüttungsquote: Nicht zu wenig und nicht zu viel

Neben der Dividendenrendite ist die Ausschüttungsquote für Aktionäre von Bedeutung. Die Ausschüttungsquote ist der Teil des Unternehmensgewinns, der an die Teilhaber ausgeschüttet wird. Dividenden müssen stetig im Unternehmen erwirtschaftet werden. Es nutzt dem Aktionär wenig, wenn Unternehmen die Dividenden nicht aus dem Gewinn, sondern aus der Substanz ausschütten. Denn dann würden notwendige Investitionen ausfallen müssen. Allenfalls in historischen Ausnahmesituationen wie der Covidkrise mag das gerechtfertigt sein, um die Dividendenhistorie zu wahren und Investoren bei Laune zu halten.

Ansonsten allerdings gilt: Unternehmen sollten einen angemessenen Teil an den Gewinnen für Investitionen verwenden und einen angemessenen Teil an die Aktionäre ausschütten. Als durchschnittliche Ausschüttungsquote nehmen Experten etwa 50 Prozent an. Die Formel dafür lautet:

Beispielrechnung Ausschüttungsquote

Dividende je Aktien / Gewinn je Aktie = Ausschüttungsquote

Was „angemessen" ist, hängt allerdings stark von der Branche und der Reife des Unternehmens ab. Bei zyklischen Unternehmen wie in der Chemie oder im Automobilbau schwankt die Quote stärker als bei Konsumunternehmen wie Coca-Cola oder McDonald's. Bei diesen Konsumgiganten entwickeln sich die Gewinne sehr stetig. Ausnahmen wie im Lockdown bestätigen die Regel.

Solche Unternehmen können auch durchaus regelmäßig drei Viertel ihres Gewinns ausschütten. Anderseits gibt es viele Technologieunternehmen, bei denen die Dividendenausschüttungen nur einen sehr kleinen Anteil des Unternehmensgewinns ausmachen. Mit zunehmender Reife steigt dieser Prozentsatz, wird aber lange nicht das Niveau von Konsumaktien erreichen. Als angemessene „Ausschüttungsquote" sehen viele Experten daher 25 bis 75 Prozent des Unternehmensgewinns. Über 75 Prozent sollte der Wert in normalen Geschäftszeiten allerdings nicht liegen, damit in einer konjunkturellen Schwächephase keine Dividendenkürzung erfolgen muss.

Kontinuität und Wachstum: Das Gesetz der Serie

Das alte Sprichwort „Wer einmal lügt, dem glaubt man nicht" lässt sich auch auf die Börse übertragen. Wenn Unternehmen einmal oder gar mehrmals die Dividende kürzen oder gar ganz ausfallen lassen, sorgt das bei Dividendeninvestoren für Missmut. Sie bevorzugen Firmen, die ihre Dividendenversprechungen kontinuierlich einhalten. Denn wenn ein Unternehmen seine Dividende über lange Zeiträume niemals gesenkt oder sogar regelmäßig erhöht hat, spricht das für ein intaktes Geschäftsmodell und ein solides Management, das in guten wie schwierigen Zeiten Antworten auf die Erfordernisse des Marktes findet.

Je geringer die aktuelle Dividendenrendite ist, umso wichtiger ist eine deutliche jährliche Steigerung der Ausschüttung. Viele Unternehmen halten ihre Ausschüttungen nur stabil oder steigern sie pro Jahr um wenige Prozentpunkte. Andere dagegen legen von einem niedrigen Level zweistellig pro Jahr zu. Ein Unternehmen, das die Ausschüttung jährlich

Die größten Unternehmen und Dividendenzahler weltweit

Unternehmen	Gezahlte Dividende pro Aktie in Euro	Dividendenrendite in Prozent
Microsoft	2,99	0,72
Exxon Mobil	3,73	3,42
Apple	0,96	0,43
Meta	1,94	0,33
China Construction Bank	0,03	3,43
Petro China	0,06	7,89
BHP Group	1,33	5,48
China Mobile	0,62	6,63
Johnson & Johnson	4,77	3,34
JP Morgan & Chase	4,66	1,85

Quelle: eigene Recherche
Stand: 20. Januar 2025

Die zehn ältesten US-Dividendenaristokraten

Unternehmen	Branche	Anzahl der Jahre mit Dividendensteigerungen
American States Water	Versorger	70
Dover Corporation	Investitionsgüter	69
Genuine Parts	Einzelhandel	69
Northwest Natural Holding	Versorger	69
Parker Hannifin	Investitionsgüter	69
Procter & Gamble	Haushalts-/Konsumgüter	69
Emerson Electric	Investitionsgüter	68
Cincinnati Financial	Versicherungen	65
Coca-Cola	Getränke	63
Johnson & Johnson	Pharma	63

Quelle: Eigene Recherche
Stand: Januar 2025.

um 15 Prozent steigert, hat die Dividende nach zehn Jahren annähernd vervierfacht.

Das Dividendenwachstum von heute ist also die Dividendenrendite von morgen. Dass es wesentlich auf die Dynamik der Dividendensteigerungen ankommt, zeigt auch ein Blick auf die Unternehmen, die im Jahr 2023 insgesamt die höchste Dividendensumme ausgezahlt haben. An erster Stelle steht ein Wert, der nicht typisch als Dividendenwert gilt – Microsoft. Die Dividendenrendite betrug zwar aufgrund der starken Kurssteigerungen der Aktie nur 0,7 Prozent. Die Gesamtausschüttungen lagen aber bei über 20 Milliarden US-Dollar. Auch auf Platz drei liegt mit Apple ein Technologiewert. Dazwischen notiert mit dem Öl- und Gaskonzern Exxon Mobile ein typischer Dividendenwert.

Dividendenadel verpflichtet

Dividendenkontinuität und Wachstum sind für Anleger besonders bedeutend. Die besten Unternehmen in diesen Disziplinen gehören zum sogenannten Dividendenadel. Besonders bekannt ist der Begriff „Dividendenaristokrat". Er kommt ursprünglich aus der amerikanischen Börsensprache. Dividendenaristokraten sind Unternehmen, die seit mindestens 25 Jahren eine Dividende zahlen und diese seither jedes Jahr erhöht haben. Weltweit gibt es etwa 150 dieser Unternehmen, rund vier Fünftel kommen aus den USA. Vor dem Siegeszug der Technologieaktien schnitten diese Dividendenaristokraten über Jahrzehnte besser ab als der Gesamtmarkt.

Dividendenaristokraten bieten gute Chancen, dass das Dividendenwachstum auch künftig fortgesetzt wird. Anleger können mit hoher Wahrscheinlichkeit Ausschüttungen für die Zukunft einplanen. Das liegt auch daran, dass das Management von Dividendenaristokraten Reserven bildet. In guten Jahren wird die Dividende unterproportional zur Gewinnsteigerung angehoben, um in schlechten Jahren ausreichend Reserven für Dividendenzahlungen zu haben. Viele Dividendenaristokraten sind Markenkonzerne. Dazu gehören in den USA zum Beispiel die Getränkehersteller Coca-Cola und Pepsico, das Fastfood-Franchiseunternehmen McDonald's sowie der Konsumgüterkonzern Procter & Gamble, in Europa etwa das französische Luxusgüterunternehmen Hermès, der Kosmetikhersteller L'Oréal sowie der britische Konsumgüterkonzern Unilever.

Die langlebigsten Dividendenaristokraten werden auch Dividendenkönige genannt. Um sich mit diesem Titel schmücken zu können, müssen sie 50 Jahre in Folge ihre Ausschüttungen Jahr für Jahr erhöht haben. Das gelang bisher nur sehr wenigen Unternehmen, von denen einige in Europa kaum bekannt sind. Rekordhalter unter den Dividendenkönigen ist American States Water. Der Versorger blickt auf 70 Steigerungen in Folge zurück. Unter den Top Ten finden sich aber auch drei sehr bekannte Namen: Procter & Gamble zahlt seit 69 Jahren kontinuierlich mehr und ist zugleich das älteste Mitglied im Dow Jones 30 (seit 1932). Coca-Cola und Johnson & Johnson kommen auf immerhin 63.

In Deutschland gibt es keine Dividendenaristokraten mehr. Der letzte, der DAX-Konzern Fresenius, musste zuletzt die Dividende streichen, weil er nach der Covidkrise Staatshilfen in Anspruch genommen hatte. Hier zeigt sich, dass selbst die schönste Dividendenhistorie keine Garantie bietet. Allerdings gibt es im DAX vier Konzerne, die zumindest in den vergangenen 25 Jahren die Dividende nicht gesenkt haben. Dazu gehören die beiden Konsumaktien Beiersdorf (tesa, Nivea) und Henkel (Persil, Schwarzkopf), der Versicherer Münchner Rück und der wichtigste Technologiekonzern Deutschlands: SAP. Insgesamt elf börsennotierte Unternehmen haben sich den Titel des „Dividenden-Achievers" verdient. Das bedeutet: Sie haben zehn Jahre in Folge ihre Dividenden erhöht. Am längsten schaffte es der Schmierstoffhersteller Fuchs.

Was sind Investmentfonds?

Mit Investmentfonds können Anlegerinnen und Anleger schon mit kleineren Summen breit in die weltweiten Märkte investieren und ihre eigenen Schwerpunkte setzen.

Risikostreuung ist die Basis für jede erfolgreiche Anlagestrategie. Um ein breit gestreutes Aktiendepot zu konstruieren, sollten Anleger daher in dutzende, internationale Einzelwerte investieren. Mit einem kleinen Budget ist eine solche Streuung zu annehmbaren Kosten allerdings kaum möglich. Deshalb hat sich in den USA und später auch in Europa nach dem Zweiten Weltkrieg ein Anlageinstrument zunehmend durchgesetzt: Investmentfonds. Der erste Aktienfonds wurde in Deutschland schon im Jahr 1950 aufgelegt. Diesen Fonds, den Fondak, gibt es noch heute. 1966 kam der erste Rentenfonds auf den Markt. Fonds entwickelten sich zu einem beliebten Anlageinstrument – auch weil Banken am Vertrieb verdienen konnten. Mit der Vereinheitlichung von Regeln für die Fondsauflage und den Vertrieb in Europa, wuchs das Angebot in Deutschland nochmals rapide. Heute sind über 24000 Fonds in Deutschland erhältlich.

Investmentfonds bündeln das Kapital vieler Kleinanleger

Investmentfonds kann man sich wie große Töpfe vorstellen. In diesen Töpfen wird das Kapital vieler kleinerer und größerer Anleger gesammelt. Die Fonds werden von den sogenannten Investmentgesellschaften eingerichtet und verwaltet. Sie sind meist Töchter großer deutscher oder internationaler Banken. Die Investmentgesellschaften legen die angesammelten Gelder in einem klar definierten Spektrum von Wertpapieren an. Im jeweiligen Fondsprospekt ist festgelegt, welche Anlagen zulässig sind, zum Beispiel „europäische Aktien". Mit dem Fondsprospekt wird also der Anlagemarkt definiert.

Innerhalb dieses Marktes aber kann das Fondsmanagement frei über seine Einzeltitelauswahl entscheiden. Ob und in welcher Höhe ein europäischer Aktienfonds in Papiere der deutschen BASF, der italienischen ENI oder des französischen Kosmetikkonzerns l'Oréal investiert, bleibt ihm überlassen.

Allerdings müssen die Fondsmanagerinnen und Fondsmanager bestimmte Grundregeln beachten und ihre Anlagen streuen. Nach den Vorschriften des Kapitalanlagegesetzbuches dürfen frei verkäufliche Investmentfonds maximal zehn Prozent des Portfoliowertes in Aktien eines einzelnen Unternehmens anlegen. Zudem dürfen Positionen mit mehr als fünf Prozent Gewicht insgesamt nicht mehr als 40 Prozent des Fondsvolumens ausmachen. So ergibt sich, dass mindestens 16 Emittenten (Aktien oder Anleihen) in einem Fonds sein müssen.

Inmitten der Vielzahl der Fonds gibt es verschiedene Grundtypen mit unterschiedlichen Grundrisiken: Die wichtigsten sind Aktienfonds, Rentenfonds, Geldmarktfonds, offene Immobilienfonds und Mischfonds. Die renditeträchtigsten, in der Regel aber auch risikoreichsten Fonds, sind Aktienfonds. Sie bieten gleichzeitig die vielfältigsten Anlagemöglichkeiten. Alle Aktienfonds investieren in Aktien oder aktienähnliche Papiere, aber damit hören die Gemeinsamkeiten bereits auf. So konzentrieren sich zahlreiche Fonds auf deutsche, europäische oder nordamerikanische Standardwerte. Andere suchen sich ihre Favoriten unter kleinen und mittleren Unternehmen aus. Wachstumsorientierte Fonds picken besonders dynamische Werte für ihr Depots aus. Emerging-Markets-Fonds investieren in Papiere aus Lateinamerika, Osteuropa oder den stark wachsenden asiatischen Ländern. Neben China und Indien haben sie auch Indonesien, Malaysia, Taiwan oder Vietnam im Fokus.

In den vergangenen Jahrzehnten hat sich das Angebot an Aktienfonds noch stärker diversifiziert. Neben den traditionellen Kategorien wie globalen Aktienfonds und Regionenfonds sind unter anderem Branchenfonds, Technologiefonds, nachhaltig orientierte Fonds oder auch Dividendenfonds zunehmend gefragt.

Die Chancen und Risiken von Aktienfonds richten sich stark nach ihrem Anlageschwerpunkt. Ein internationaler Fonds mit Standardwerten entwickelt sich kontinuierlicher als ein Branchenfonds mit Biotech-Werten. Auch Dividendenfonds gelten traditionell als stabilitätsorientiert. Denn die Dividendenauszahlungen von Unternehmen sind in der Regel weniger volatil als die Kursentwicklungen ihrer Aktien, die neben den Geschäftszahlen des Unternehmens auch von der wirtschaftlichen Gesamtlage, der Zinsentwicklung und den aktuellen Trends am Aktienmarkt abhängen.

Zudem kommen Aktien von Unternehmen mit langer Dividendenhistorie oft aus Branchen wie dem Konsum oder dem Pharmasektor, deren Aktienkurse sich wegen ihrer stabilen Umsatz- und Gewinnentwicklung an den Börsen stabiler entwickeln als Werte aus zyklischen Branchen wie Stahl oder Technologie.

Wie sicher sind Investmentfonds?

Investmentfonds können je nach Anlageklasse im Kurs schwanken. Aber das angelegte Vermögen ist im Fall einer Insolvenz des Fondsanbieters geschützt; denn das Fondsvermögen gehört nicht zum Vermögen der Fondsgesellschaft, sondern ist ein „Sondervermögen“ beziehungsweise „Investmentvermögen“. Dieses wird von einer sogenannten „Verwahrstelle“ verwaltet, die von der Fondsgesellschaft getrennt ist.

Die Verwahrstelle rechnet täglich den jeweils aktuellen Preis eines einzelnen Fondsanteils aus. Er ergibt sich aus dem Nettoinventarwert des Fondsvermögens (Tageswert aller Wertpapiere plus Bankguthaben minus Verbindlichkeiten) dividiert durch die Anzahl der Fondsanteile.

Bei einem Fonds mit einem Vermögen von 600 Millionen Euro und 10 Millionen Anteilen ergibt sich somit:

Berechnung des aktuellen Preises eines einzelnen Fondsanteils

Fondsvermögen / Anteile	= Anteilwert
600 Mio. Euro / 10 Mio.	= 60 Euro pro Anteil

Mit der Verwahrstelle haben Anleger keinen Kontakt. Ihre Depotbank ist die Bank, Sparkasse oder Onlinebank, bei der sie den Kauf der Fondsanteile in Auftrag gegeben haben. Über diese Bank erfolgt auch der Verkauf der Fondsanteile.

Anders als bei geschlossenen Fonds oder auch offenen Immobilienfonds können Anleger ihre Aktienfonds börsentäglich verkaufen. Dies kann über die Verwahrstelle geschehen, die einmal täglich einen Preis festsetzt. Oder aber über die Börse. Hier werden mehrmals täglich Kurse festgestellt. Der Preis liegt nahe am offiziellen Rücknahmepreis der Fondsgesellschaft, variiert aber je nach Angebot und Nachfrage am aktuellen Börsentag.

Wie hoch sind die Kosten der Fondsanlage?

Die Kosten der Geldanlage setzen sich aus drei Posten zusammen: Ausgabeaufschlag, laufende Kosten und zusätzliche Kosten. Schon beim Kauf registrieren Fondsanleger oft den ersten Verlust. Denn der Kaufpreis besteht grundsätzlich aus zwei Komponenten: Dem Rücknahmepreis und dem Ausgabeaufschlag, auch „Agio" (Aufgeld) oder „Load" genannt.

Der Rücknahmepreis markiert den eigentlichen Wert des Fondsanteils. Der Ausgabeaufschlag dagegen ist eine Provision für den Vertrieb, also den Fondsverkäufer oder Fondsberater. Die Höhe des Ausgabeaufschlags orientiert sich an der Fondsgattung. Bei Aktienfonds fallen in der Regel vier bis fünf Prozent an. Für einen Fondsanteil im Rücknahmewert von 60 Euro zahlt man demnach:

Berechnung Fondsanteil im Rücknahmewert

Rücknahmepreis + 5 % × Rücknahmepreis	= Ausgabepreis
60 Euro + 3 Euro (also 0,03 × 60)	= 63 Euro

Ausgabeaufschläge sind ärgerlich und mindern die Rendite. Anleger können sie heute aber oft vermeiden. Eine einfache Möglichkeit ist der Kauf über Fondsdiscounter oder Fondsplattformen. Sie bieten keine Beratung an, im Gegenzug ist der Kauf von Fonds aber rabattiert oder gänzlich ohne Ausgabeaufschlag möglich. Auch bei Onlinebanken sind die Ausgabeaufschläge reduziert und entfallen bei Sonderaktionen mitunter ganz.

Ebenfalls ohne Ausgabeaufschlag kommen Anleger davon, wenn sie einen Fonds direkt über die Börse kaufen. Das ist inzwischen bei vielen Fonds möglich. Anders als bei Fondsgesellschaften werden hier im Tagesverlauf mehrere Kurse gestellt. Allerdings werden nur größere Fonds in einem solchen Volumen gehandelt, dass Anleger problemlos zum Zuge kommen. Zudem fallen Ordergebühren für den Kauf und Verkauf an. Die Rückgabe von Fondsanteilen an die Fondsgesellschaft ist dagegen gebührenfrei.

Laufende Kosten

Die sogenannten „sonstigen laufenden Kosten" gibt die Fondsgesellschaft jeweils für einen Fonds im vergangenen Geschäftsjahr an, zum Beispiel im Basisinformationsblatt. Sie hat die zuvor übliche „Total Expense Ratio" (TER) abgelöst und enthält alle vom Fonds getragenen Kosten, abgesehen von Transaktionskosten und einer etwaigen Performance Fee. Die „Sonstigen laufenden Kosten" und die „Transaktionskosten" im Fonds ergeben zusammen die „laufenden Kosten". Zu den wichtigsten Posten gehört die Managementgebühr, die für die Dienstleistung und Arbeit des Fondsmanagers oder der Fondsmanagerin anfällt. Zusätzlich fällt meist eine Bestandsprovision an, die die Depotbank der Anlegerin beziehungsweise des Anlegers erhält. Sie wird oft auch als „Kickback" bezeichnet. Die Depotbankgebühr wird für die Kosten für die Verwahrung und Verwaltung des Fondsvermögens fällig. Schließlich fallen noch Kosten für die Wirtschafts- und Steuerprüfung des Fonds an.

Die laufenden Kosten betragen bei Aktienfonds in der Regel rund 1,5 bis 2 Prozent pro Jahr. Bei Fonds mit kleinerem Volumen können sie auch etwas höher ausfallen, sehr große Fonds begnügen sich mitunter mit etwas weniger. Anleger sollten darauf achten, dass die laufenden Kosten eines Investmentfonds nicht überdurchschnittlich hoch ausfallen. Gerade über lange Anlagezeiträume machen sich Unterschiede bei den laufenden Kosten stark bemerkbar.

Zusätzliche Kosten

Bei den laufenden Kosten nicht eingeschlossen sind die Kosten für die Börsentransaktionen des Managements. Wie Privatanleger müssen auch Investmentfonds beim Wertpapierhandel Gebühren zahlen. Sie fallen wegen der hohen Einzelposten jedoch anteilig geringer aus als bei Kleinanlegern. Schließlich verlangen einige Fonds auch noch eine erfolgsabhängige Vergütung, die sogenannte „Performance Fee". Die Höhe hängt von der Wertentwicklung des Fonds ab und wird auf unterschiedliche Weise festgesetzt.

Einige Fondsanbieter kassieren die Erfolgsprämie, wenn eine vorher definierte Renditehöhe überschritten wird. Andere vergleichen die Performance mit der des Vergleichsindex, der sogenannten Benchmark. Übertrifft die Wertentwicklung des Fonds die der Vergleichsmarke, kassiert die Fondsgesellschaft einen zuvor festgelegten prozentualen Anteil dieser positiven Differenz. Transaktionskosten und Performance Fee werden wie die laufenden Kosten aus dem Fondsvermögen entnommen und nicht gesondert in Rechnung gestellt. Sie reduzieren jedoch die Performance des Fonds.

Was sind ETF?

Einfach und kostengünstig: Mit diesen Attributen haben börsengehandelte Fonds (ETF) den Vermögensaufbau an der Börse für Privatanleger revolutioniert. Auch Profis nutzen ETF als kostengünstige Komponente der Anlagestrategie.

In Deutschland ist der Name John Bogle kaum bekannt, und doch wurde er im Jahr 1999 vom renommierten Fortune Magazine neben Warren Buffett, George Soros und Peter Lynch zu einem der vier „Giants of the 20th Century" ernannt. Bogle hatte 1975 mit seiner Investmentgesellschaft Vanguard den ersten Indexfonds für Privatanleger aufgelegt. Statt aktiv die aussichtsreichsten Aktien für einen Investmentfonds auszuwählen, bildete sein „First Index Investment Trust" exakt den US-Börsenindex S&P 500 ab. So konnte er auf die teure Expertise von Investmentmanagern verzichten und stattdessen für die Anleger und Anlegerinnen kostengünstig und breit investieren.

ETF als kostengünstige Anlageprodukte

Bogles Idee setzte sich leicht modifiziert durch – 1990 in Kanada, 1993 dann der SPDR S&P 500 ETF in den USA und dann auch global: Exchange Traded Funds (kurz ETF) sind bei vielen Anlegerinnen und Anlegern beliebt: ETF sind bekannt geworden als Investmentfonds, die einen Index möglichst eins zu eins abbilden. Sie werden deshalb auch als passiv gemanagte Fonds oder börsengehandelte Indexfonds bezeichnet. Weil ETF einfach und kostengünstig sind, haben sie seit ihrem Deutschland-Debüt im Jahr 2000 eine stürmische Entwicklung genommen. Inzwischen sind in Deutschland mehr als 1000 ETF an der Börse handelbar. Professionelle Vermögensverwalter und Privatanleger nutzen sie. ETF eignen sich prinzipiell für jede Anlagestrategie. Für kurzfristige Spekulation oder sehr langfristige Geldanlage via Sparplan.

Ein ETF bietet viele Vorteile, die auch aktiv gemanagte Investmentfonds auszeichnen: Der Anleger muss nicht einzelne Wertpapiere analysieren, das Vermögen ist breit gestreut und es ist im Falle einer Insolvenz des ETF-Anbieters als Sondervermögen geschützt. Allerdings gibt es einige Unterschiede zu klassischen Investmentfonds. Der wichtigste: Die meisten ETF werden nicht aktiv gemanagt. Es gibt also keinen Fondsmanager, der die aus seiner Sicht aussichtsreichsten Aktien aus einem Anlagegebiet herauszieht oder der versucht, das Risiko aufgrund eines seiner Meinung bevorstehenden Ereignisses zu mindern.

ETF ALS BASIS: Unsere Finanz-Expertinnen und -Experten empfehlen ETF auf weltweit streuende Indizes, etwa von den Indexanbietern MSCI oder FTSE, als Grundlage für den Risikobestandteil eines Investments. Sie bieten durch ihre breite Streuung ein sehr gutes Rendite-Risiko-Profil.

ETF bilden meist die Performance eines Index ab. Dadurch fällt in der Regel kein Ausgabeaufschlag an und die Kosten sind deutlich niedriger als bei einem konventionellen aktiv gemanagten Investmentfonds. Bei Investments in Standardindizes wie den DAX liegen die Kosten oft nur bei 0,1 Prozent, internationale Indizes sind etwas teurer und eigens gebildete Strategieindizes schlagen noch einmal etwas drauf. Mit mehr als 0,5 Prozent müssen Anleger aber nur in Ausnahmefällen kalkulieren.

Vor- und Nachteile von ETF gegenüber aktiv gemanagten Fonds

Beide Anlageformen haben ihre Anwendungsgebiete. Die Vorteile marktbreiter ETF überwiegen jedoch im Gesamtbild – vor allem für Privatanleger.

+	–
Aktiv gemanagte Fonds	
↑ Breite Streuung möglich	↓ überdurchschnittlich hohe Kosten
↑ Aktienauswahl durch Experten	↓ oft schwächere Performance als Vergleichsindizes
↑ Risikominimierung durch Cash-Quoten	↓ zuweilen mangelnde Transparenz
↑ Gezielte Auswahl von Anlagemärkten	↓ Überraschungen durch Änderungen im Fondsmanagement möglich
↑ Outperformance des Marktes theoretisch möglich	↓ theoretisch zu geringe Streuung möglich durch individuell vorgenommene Zusammensetzung des Fonds
Marktbreiter ETF	
↑ Breite Streuung (je nach Größe des Index)	↓ keine Renditen über dem Index möglich
↑ breite Auswahl	↓ keine Risikobegrenzung durch Cash-Quote
↑ kostengünstig	↓ prozyklische Anlage
↑ hohe Transparenz	↓ hohe Verluste bei engen Indizes möglich
↑ sichere Marktrendite	

Welche ETF gibt es?

ETF bilden immer die Kursentwicklung eines Index ab. Bekannte Indizes sind klassische Aktienindizes wie der deutsche DAX 40, der europäische Euro STOXX 50 oder der amerikanische S&P 500. Darüber hinaus gibt es eine Vielzahl anderer Aktienindizes. Sie bündeln zum Beispiel Unternehmen einzelner Branchen, einzelner Größenklassen oder auch exotischer Länder. Auch auf Rentenpapiere, Immobilienfirmen oder verschiedene Anlagestrategien werden Indizes gebildet. Dazu gehören auf der Aktienseite etwa Indizes auf Aktien von nachhaltigen, besonders schwankungsarmen oder dividendenstarken Unternehmen. Bei der Wahl eines ETF sollten Sie sich genau informieren, welche Aktien in dem Produkt enthalten sind.

Ganz breit aufgestellt sind Anleger mit Investments in „globale" Produkte. Der MSCI World Index beispielsweise bündelt rund 1400 Unternehmen aus 23 Industrieländern. Allerdings enthält der Index zu gut zwei Dritteln (74 Prozent) US-Aktien. Im „World"-Index nicht vertreten sind dagegen die Schwellenländer. Auch deutsche Aktien machen nur einen Anteil von 2,2 Prozent aus. Japan, als höchst gewichtetes Land nach den USA, ist mit gut 5 Prozent vertreten. Der Grund für den hohen Anteil an US-Werten: Der MSCI World Index wird nach der Marktkapitalisierung der Unternehmen gewichtet. Die größten und wertvollsten kommen seit vielen Jahren aus den USA und der Trend hat sich die letzten Jahre noch verstärkt. Vor 35 Jahren war das noch ganz anders: Damals machten japanische Aktien fast 50 Prozent des MSCI World aus.

Der Index wird von MSCI als Kursindex, als Performanceindex (inklusive Dividenden) und als Netto-Performanceindex (nach Abzug von länderspezifischen Quellensteuern auf die Dividenden) berechnet. Auch für dividendenstarke Aktien wurden in den vergangenen Jahren zahlreiche ETF aufgelegt. Was sie bieten, wie sie auswählen und wo sie investieren, lesen Sie ausführlich im Kapitel „Dividenden und passives Einkommen".

Dieser MSCI-World-Index und ähnliche Varianten wiederum werden von verschiedensten ETF abgebildet. Wenn Sie in unserem großen Fondsfinder unter Bewertung: „1. Wahl" einstellen sowie unter Fondsgruppen, wichtige Fondsgruppen „Aktien Welt", finden Sie knapp 100 ETF, die auf diese Kriterien passen (siehe unter test.de/fonds). All diese ETF unterscheiden sich in ihrer Kostenstruktur und ihrem Anlageerfolg wenig. Einige setzen zudem verstärkt auf Nachhaltigkeit – dazu sehen Sie in der grünen Spalte unsere Einschätzung, die „Finanztest-Nachhaltigkeitsbewertung". Sobald sie von uns das Siegel „1. Wahl" erhalten, sind sie grundsätzlich empfehlenswert für ein Investment in dieser Fondsgruppe. Nützlich ist die Unterscheidung zwischen thesaurierend (Kürzel „Acc" oder „Cap" für accumulating oder capitalizing, englisch für „ansammeln" der Dividenden) und ausschüttend (Kürzel „Dist" „Inc" für distributing oder income, englisch für „ausschütten" bzw. „Einkommen"). Langfristig höhere Renditen bieten die thesaurierenden Varianten, weil mehr Geld im Fonds bleibt. Ausschüttende Fonds liefern Anlegern regelmäßige Zuflüsse, die sie entweder ausgeben oder neu anlegen können. Welche Fondsgattung besser geeignet ist, hängt von den jeweiligen Zielen und dem Lebensalter ab. Genaueres finden Sie im Kapitel „Vermögen aufbauen mit einem ETF auf den MSCI World", S. 83. Wie stark die Unterschiede zwischen thesaurierenden und ausschüttenden Indizes ausfallen, zeigt der Vergleich Performance-DAX vs. Kurs-DAX.

Wie sicher sind ETF?

Ob Anleihen oder Aktien: Mit einem ETF tragen Sie zunächst Kursrisiken, die den Risiken der zugrundeliegenden Wertpapiere entsprechen. Kursverluste sind also möglich. Diese Kursverluste können umso höher ausfallen, je konzentrierter und spezieller der abgebildete Index ist. Ein ETF, der die Kursentwicklung eines engen Sektors wie etwa amerikanischer Biotechnologie-Unternehmen abbildet, ist weit volatiler als der MSCI World Index mit seinen 1400 Unternehmen aus unterschiedlichen Branchen und den 23 wichtigsten Industrieländern. Aber auch beim ETF auf den MSCI World gilt wie bei den meisten Indizes und ETF: Er bildet den Markt „so passiv wie möglich" ab. Das heißt: Große Aktiengesellschaften werden hoch gewichtet und wenn eine Aktie besonders gut läuft, erhält sie automatisch mehr Gewicht. Die zuletzt besonders gut gelaufenen, großen Aktien nehmen einen großen Teil des Index ein. Im MSCI World standen Ende 2024 die 10 größten Werte für knapp ein Viertel des gesamten Index. Eine Korrektur bei diesen Aktien schlägt entsprechend stark zu Buche.

Wenn ehemalige Favoriten ihren Status verlieren, sinkt auch ihr Anteil im Index. So war es etwa im MSCI World Index nach der Korrektur der „Nifty Fifty" in den 1970er Jahren oder auch nach dem Einbruch der japanischen Aktien zu Beginn der 1990er Jahre. Auch die aktuelle Bedeutung der sogenannten „Magnificent Seven" um Apple, Microsoft und Nvidia für die Indizes ist demnach nicht in Stein gemeißelt. Das Problem: Niemand kann vorhersehen, welche Aktien wann korrigieren werden.

Neben dem Kursrisiko haben Anleger kaum ein Risiko. Denn das Kapital in den ETF wird wie bei klassischen Investmentfonds von den Depotbanken als Sondervermögen geführt. Das heißt: Das Geld ist auch im

Blasen und Krisen

Zwischenzeitlich gab es an den Aktienmärkten immer wieder größere Rücksetzer. Langfristig gingen die Kurse in der Vergangenheit aber stets aufwärts.

2020

Nahezu kontinuierlich hatten sich die Märkte getrieben von Nullzinsen nach oben bewegt. Dann kam Corona. Binnen weniger Wochen gaben der MSCI World und andere große Indizes um rund ein Drittel nach. Doch die Regierungen reagierten weltweit mit Stützprogrammen. So schloss das Jahr bereits mit höheren Kursständen als es begann – trotz Krise.

2008

Der Zusammenbruch der Investmentbank Lehman Brothers am 15. September 2008 markierte den Höhepunkt der Finanzkrise 2007–2008. Die Kurse sanken in der Folge um bis zu 60 Prozent und brauchten fast sieben Jahre für neue Höchststände.

2001

Das Jahrtausend begann schlecht, sehr schlecht. Im März 2000 platzte die Dotcom-Blase, am 11. September 2001 geschah der Anschlag auf das World Trade Center. Nach zwei bereits schwachen Jahren führte das 2002 zum Ausverkauf an den Börsen.

2012

Im Jahr zuvor hatte die Schuldenkrise Griechenland arg zugesetzt. Ein „Grexit" konnte mit vereinten Kräften der Europäischen Union und griechischen Sparprogrammen verhindert werden. Die Aktienmärkte reagierten mit einer Erholungsrallye.

MSCI World Index (EUR, Total Return, Logarithmische Darstellung). Quelle: Refinitiv, eigene Berechnungen; Stand: 20.12.2024

Falle einer Insolvenz der Fondsgesellschaft sicher. Für ETFs gibt es allerdings unterschiedliche Konstruktionsmethoden: die physische Replikation, das Sampling und die Swap-basierte synthetische Replikation. Bei der physischen Replikation kauft die ETF-Verwaltung für den betreffenden ETF einfach alle Wertpapiere aus dem Index im jeweils aktuellen Mischungsverhältnis. Je nach Entwicklung der einzelnen Aktien im Index wird das ETF-Depot dann laufend angepasst. Bei sehr großen Indizes wie etwa dem MSCI World ist eine volle Replizierung schwieriger. Hier lassen die Anbieter kleiner ETF manchmal unbedeutende Aktien weg. Das heißt im Fachjargon Sampling oder Optimierung. Je größer das Fondsvolumen, desto mehr Aktien wird ein ETF meist halten – auch wenn der Index sehr viele Titel umfasst.

Bei Swap-basierten synthetisch replizierten ETF dagegen kaufen die Emittenten mitunter als Sicherheit ganz andere Wertpapiere, als auf dem ETF-Namen angezeigt wird. So kann etwa ein ETF auf den DAX globale Aktien enthalten. Für Anleger spielt das aber kaum eine Rolle. Denn die ETF-Emittenten tauschen bei einem Bankpartner die Performance der Aktien im ETF gegen die des DAX. Das Ergebnis ist das gleiche wie bei der „voll replizierenden" Konstruktionsmethode: Der ETF vollzieht die Wertentwicklung des namensgebenden Index nahezu eins zu eins nach. „Swap-basierte" ETF haben wegen des Swap-Partners aber ein Gegenparteirisiko. Das darf bis zu zehn Prozent des Fondswertes ausmachen und ist heute meist besichert. Das Risiko durch Swaps ist gering und kann durch Effizienzgewinne kompensiert werden. Aber wer auf Nummer Sicher gehen will, greift zu voll replizierenden Produkten.

Anleger, denen ökologische und soziale Kriterien sowie eine gute Unternehmensführung wichtig sind (ESG-Kriterien), sollten ebenfalls voll replizierende ETF wählen. Denn bei Swap-basierten ETF ist nicht so klar, welche Aktien bei der ETF-Konstruktion zum Zuge kommen können.

Was sind ETC?

Größer als bei Swap-basierten ETF ist das Anlagerisiko bei Exchange Traded Commodities (ETC). ETC sind rechtlich keine Fonds, sondern Zertifikate. Sie beziehen sich auf die Entwicklung von Preisen bei Rohstoffen und Edelmetallen. Das können Edelmetalle wie Gold oder Silber, Industriemetalle wie Kupfer oder Zinn, Energierohstoffe wie Öl oder Gas, aber auch Agrarrohstoffe sein. Diese ETC stellen deshalb auch kein Sondervermögen dar. Manche Emittenten, also die Herausgeber der Papiere, haben aber meistens andere Sicherungen eingezogen. Trotzdem bleibt bei ETC immer ein höheres Risiko bezüglich der Solvenz des Herausgebers.

04

Dividenden und passives Einkommen

Von Dividenden leben?

Nur sehr wohlhabende Menschen können von Dividendenausschüttungen leben. Aber auch bei Normalanlegern können Aktien zu einer Zusatzrente beitragen.

„Wie erzielt man passives Einkommen?", „2000 Euro passives Einkommen im Monat", „Passives Einkommen – so einfach geht's" oder „Fünf passive Einkommensideen im Check": Der Traum vom Geldverdienen ohne Arbeit ist uralt. Aber durch Youtube und andere soziale Medien wird er seit einigen Jahren zusätzlich entfacht. Was ist darunter zu verstehen?

Passives Einkommen ist das Gegenteil von aktivem Einkommen. Das heißt: Es muss keine direkte Gegenleistung durch eine definierte Arbeitszeit erbracht werden. Aber es bedeutet nicht, dass das passive Einkommen mühelos zu erreichen ist. Zu den bekanntesten Formen von passivem Einkommen gehören Mieteinnahmen, Kursgewinne aus Aktien und Dividenden oder auch Einnahmen aus skalierbaren Social-Media-Aktivitäten.

Kann man von passivem Einkommen leben?

Von einem sogenannten „passiven Einkommen" zu leben ist eine verführerische Idee. So kann man etwa als sogenannter „Privatier" mit seinen regelmäßigen Einnahmezuflüssen Hobbys und sinnvollen Tätigkeiten ohne Finanzierungsdruck nachgehen. Regelmäßige Dividendenzuflüsse können ein passives Einkommen ermöglichen.

Aber damit es für ein auskömmliches Leben reicht, muss schon ein entsprechend großes Vermögen vorhanden sein – wie bei den wichtigsten Aktionären der deutschen Automobilindustrie. Die Quandt-Erben Stephan und Susanne Klatten etwa halten knapp die Hälfte der BMW-Aktien. BMW zahlte im Frühjahr 2024 für das Geschäftsjahr 2023 rund vier Milliarden Euro Dividende aus. Damit erhielten die Geschwister knapp zwei Milliarden Euro Dividenden – vor Steuern. Auch die Familien Piech und Porsche können sich als Ankeraktionäre von Volkswagen jedes Jahr über üppige Ausschüttungen freuen.

Solche passiven Einkommen sind aber absolute Ausnahmen. Otto Normalanleger wird es nicht vergönnt sein, erst recht nicht in jüngeren Jahren. Denn um ein monatliches Einkommen von – sagen wir – 5000 Euro über Dividenden zu erhalten, muss schon ein enormes Anlagekapital vorhanden sein.

Dafür reicht ein einfaches Rechenexempel: Im MSCI World Index liegt die durchschnittliche Dividendenrendite aktuell bei rund zwei Prozent. Um 60000 Euro pro Jahr als Dividendeneinkommen zu generieren, müssten Anlegende schon drei Millionen Euro investiert haben. Da auch noch 25 Prozent Abgeltungssteuer plus Solidaritätszuschlag abgehen, läge der monatliche Nettozufluss nur bei knapp 3700 Euro.

Nicht schlecht, aber nicht das, was man sich von einem Millionenvermögen erträumt. Bei einem realistischeren und durchaus schon respektablen Vermögen von 100000 Euro bleiben gerade mal 2000 Euro brutto oder knapp 1500 Euro netto im Jahr, ein guter Hunderter im Monat. Im Deutschen Aktienindex DAX wären es rund 50 Prozent mehr, weil die durchschnittliche Dividendenrendite bei rund drei Prozent liegt. Üppig ist auch das nicht.

Deshalb ist es illusorisch, schon in der Vermögensaufbauphase ein größeres passives Einkommen aus der bestehenden Anlage zu erzielen. Bei jüngeren Anlegern macht also in erster Linie das Ansparen Sinn. Dividenden und Kursgewinne sollten direkt reinvestiert werden. Denn nur so können Anlegerinnen und Anleger von dem profitieren, was Albert Einstein das achte Weltwunder nannte – dem Zinseszinseffekt (siehe „Ziele und Bedarf", S. 24).

Vermögensaufbau ist mit sehr unterschiedlichen Investments möglich. Auch in der Ansparphase können Sie auf dividendenstarke Aktien, Dividendenfonds oder Dividenden-ETF setzen. Vielen Anlegenden vermitteln regelmäßige Ausschüttungen das gute Gefühl, in stabile Unternehmen zu investieren. Das kann zu einer stärkeren Motivation beim Ansparen führen.

Die Kehrseite der Medaille: Das langfristige Kapitalwachstum wird geschmälert. Auch sollte bei der Wahl des Investment-Vehikels die Kursentwicklung nicht außer Acht gelassen werden. Denn entscheidend ist die Gesamtrendite aus Dividenden und Kursentwicklung (siehe „Alles dreht sich um die Rendite", S. 48). Wer ausschließlich in Dividendenwerte investiert, verpasst eventuell die Kursrallye von schnell wachsenden Technologieunternehmen, die in der Regel keine oder nur wenig Dividenden zahlen. Gar nicht zu empfehlen ist es, bestehende Kapitalanlagen aufzulösen, um sie in eine ausschüttende Dividendenstrategie zu verlagern. Denn zum einen müssen Sie auf die Gewinne der bisherigen Anlagestrategie Steuern zahlen. Das führt zu einer geringeren Neuanlage, und wenn zudem Gewinne ausgeschüttet werden, schmälern Sie das langfristige Kapitalwachstum zusätzlich.

Fazit: Der Zinseszins wird oft als achtes Weltwunder beschrieben. In jungen Jahren sollten Anleger ihre Gewinne daher thesaurieren und weiter für sich arbeiten lassen. In der Auszahlungsphase kommen regelmäßige Ausschüttungen oder Entnahmepläne zum Zuge.

Vermögen aufbauen mit einem ETF auf den MSCI World

ETF auf den MSCI World Index können die Basis für den Vermögensaufbau sein. Für Investitionen in den breiten Index bieten sich zu unterschiedlichen Zeitpunkten thesaurierende oder ausschüttende ETF an.

Für einen unkompliziert umsetzbaren Vermögensaufbau empfehlen die Finanz-Expertinnen und -Experten der Stiftung Warentest einen ETF-Sparplan unter anderem auf den MSCI World. Dieser Index gilt als wichtigstes Barometer der Weltbörsen. Er ist der Maßstab, an dem sich global ausgerichtete Fonds und ETF messen lassen müssen. Der Index repräsentiert die großen und mittelgroßen Aktienunternehmen aus 23 Industrieländern und deckt mit rund 1400 Titeln ungefähr 85 Prozent der westlichen Börsenmärkte ab.

Unsere Finanz-Expertinnen und -Experten empfehlen, eine einfache Aktienstrategie mit einem ETF auf den MSCI World umzusetzen. Das Pantoffel-Portfolio in seiner Standardversion, mit dem Anlegende bequem eine dauerhafte Anlagestrategie fahren können, enthält als Renditebaustein einen ETF auf diesen Index. Dafür gibt es gute Gründe: Durch die breite, weltweite Streuung machen Sie sich unabhängiger von regionalen und Branchenproblemen.

Die moderne Kapitalmarkttheorie stützt sich auf die Idee, dass Finanzmärkte öffentliche Informationen optimal verarbeiten und einzelne Anleger keine Wissensvorteile haben. Das bedeutet: Aktienanleger sollten das sogenannte „Marktportfolio" halten, das den gesamten Aktienmarkt abbildet. Ein ETF auf den MSCI World Index kommt dem schon sehr nahe. Zudem gibt es ein großes Angebot und viel Konkurrenz bei ETF auf diesen Index, was die Kosten niedrig hält. Entsprechende Sparpläne können einfach online abschlossen werden.

Wie wird der MSCI World Index konstruiert?

Der MSCI World-Index wird vom gleichnamigen Indexanbieter rückwirkend mit Daten seit dem 31. Dezember 1969 berechnet. In diesen knapp 55 Jahren hat der Index um rund 7000 Prozent zugelegt. Das entspricht einer durchschnittlichen jährlichen Rendite von rund acht Prozent über alle Börsenphasen.

Darunter waren sehr schwache Perioden mit deutlichen Rückschlägen wie in den 1970er Jahren und nach der Jahrtausendwende. Aber auch starke wie in den 1990er Jahren oder nach der Finanzkrise ab 2009. Die Zusammensetzung und die Schwerpunkte haben sich im Laufe der Jahrzehnte geändert. Die Prinzipien der Länder- und Aktienauswahl sowie der Gewichtung blieben jedoch konstant. Mit einem für alle Märkte einheitlichen Konstruktionsverfahren bestimmt der Indexanbieter MSCI, welche Aktien in welchem Umfang im MSCI World Index landen.

Länderauswahl: Nur Industrienationen sind dabei

Der MSCI World Index nennt sich zwar so. In Wahrheit umfasst er jedoch längst nicht Unternehmen aus allen Ländern der Welt. Nur Aktien aus den 23 Ländern, die MSCI als entwickelte Märkte bezeichnet, können in den Index aufgenommen werden. Darunter befinden sich, neben den Vereinigten Staaten von Amerika, die großen Industrienationen aus der Europäischen Union, Großbritannien und die Schweiz, Kanada und Australien. Asien ist nur mit Japan und Hongkong vertreten.

Schwergewicht im MSCI World Index sind in der heutigen Zeit die USA. Sie machen aktuell gut 73 Prozent der Kapitalisierung des Index aus. Danach folgt – mit weitem Abstand – Japan: es vertritt nicht einmal ein Zehntel als zweitstärkstes Land. Noch dahinter folgen schließlich die europäischen Länder.

Das war in der Vergangenheit schon einmal anders. 1990 hatten japanische Unternehmen nach zehn Jahren mit rasanten Kurszuwächsen sogar einen größeren Anteil als die USA im Weltindex. Das ging allerdings mit extremen Bewertungen japanischer Aktien einher – kein Vergleich zu heutigen Bewertungen. Auch Europas Anteil ist in den vergangenen Jahren kontinuierlich zugunsten der USA geschrumpft. Großbritannien macht als wichtigstes Land gerade mal 3,5 Prozent aus, deutsche Unternehmen stehen aktuell nur noch für 2 Prozent des Weltindex. Dies verdeutlicht, wie klein der deutsche Aktienmarkt ist und wie einseitig.

Größenauswahl: Die Kleinen fallen raus

Um die Weltmärkte möglichst breit abzudecken, sollte ein Index ausreichend viele Mitglieder haben. Allerdings ist es unmöglich – und auch nicht nötig – alle existierenden Unternehmen in einem Index unterzubringen. MSCI hat sich deshalb frühzeitig entschieden, in ihren Standard-Indizes nur Unternehmen einer gewissen Größenordnung zu berücksichtigen. Die Datenspezialisten teilen die börsennotierten Unternehmen aus den 23 Industrieländern in Micro Caps, Small Caps, Mid Caps und Large Caps ein. In den Index gehen nur die Mid Caps (das entspricht in Deutschland ungefähr den größeren MDAX-Werten) und die Large Caps (dazu gehören zum Beispiel die 40 Mitglieder des Dax).

Gewichtung: Marktkapitalisierung zählt

Um den Anteil der jeweiligen Aktie am Index zu bestimmen, berechnet MSCI den Anteil des Börsenwertes der Aktie im Streubesitz im Verhältnis zum Börsenwert aller Aktien im Streubesitz. Trotz der enormen Bandbreite mit rund 1400 Aktien machen wenige Top-Werte einen sehr hohen Anteil im Index aus. So stehen die amerikanischen Technologieunternehmen Apple, Microsoft und Nvidia im Jahr 2024 jeweils für mehr als vier Prozent des Portfolios, weil sie mit einer Marktkapitalisierung von zwischenzeitlich über drei Billionen US-Dollar die nachfolgenden bei weitem übertrafen.

Die „Magnificent Seven" (neben den drei genannten noch Amazon, Alphabet (Google), Meta (Facebook) und Tesla) machen als sieben größte Positionen im Index zusammen rund 20 Prozent aus. Entsprechend ist auch der Anteil des IT/Technologiesektors im MSCI World mit rund 25 Prozent am größten. Es folgen mit deutlichem Abstand die Branchen Finanzen und Gesundheit. In Europa ist das anders: Unter den Top-Drei-Branchen ist die IT nicht vertreten. Neben den Finanzen und der Gesundheit dominiert hier die Industrie.

Der MSCI World im Detail

Der MSCI World ist die gebräuchlichste Messlatte für den Anlageerfolg professioneller Investoren und Vermögensverwalter. Der Index enthält ausschließlich Unternehmen aus Industrieländern. Die Zahl seiner Mitglieder ist nicht konstant, die Größenordnung liegt aber in der Regel bei 1400 bis 1600 Aktien, die aus 23 Ländern kommen.

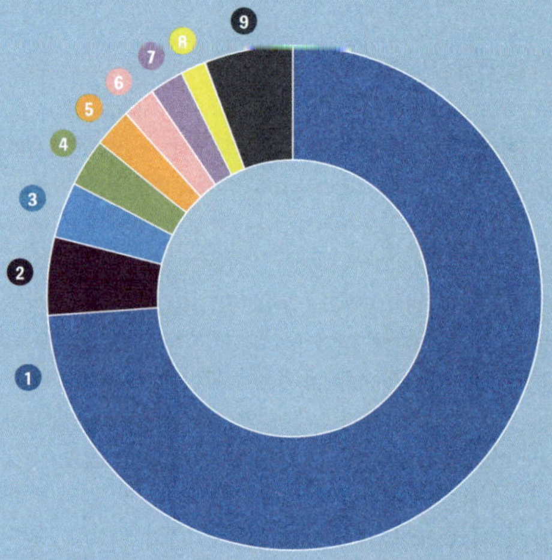

Die größten Länder

Indexanteil (Prozent)

1. USA: 73,92
2. Japan: 5,23
3. Großbritannien: 3,44
4. Kanada: 3,1
5. Frankreich: 2,5
6. Schweiz: 2,23
7. Deutschland: 2,1
8. Australien: 1,8
9. Andere: 5,69

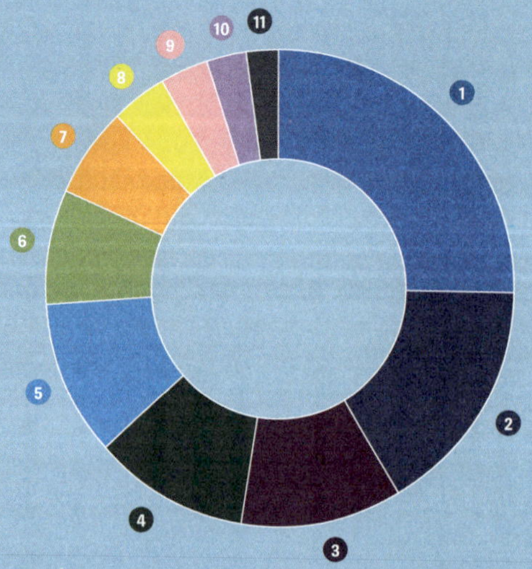

Die größten Branchen

Indexanteil (Prozent)

1. IT: 25,29
2. Finanzen: 16,30
3. Industrie: 11,01
4. Gesundheit: 10,75
5. Konsum, zyklisch: 10,61
6. Kommunikation: 7,74
7. Konsum, Basis: 6,17
8. Energie: 3,94
9. Rohstoffe / Materialien: 3,4
10. Versorger: 2,59
11. Immobilien: 2,21

Quelle: MSCI, eigene Berechnungen. Stand: 30.11.2024

Das Pendant für Schwellenländer: MSCI Emerging Markets Index

Der taiwanesische Chip-Gigant Taiwan Semiconductor Manufacturing (TSCM), der chinesische Amazon-Konkurrent Tencent oder auch der koreanische Apple-Herausforderer Samsung: All diese Unternehmen werden Anlegerinnen und Anleger im MSCI World Index vergeblich suchen. Sie stammen aus den sogenannten Emerging Markets. Diese Schwellenländer sind im MSCI World Index nicht vertreten. Deshalb berechnet MSCI parallel den MSCI Emerging Markets. Hier sind die wichtigsten Unternehmen aus 24 Ländern vertreten, die den Industrienationen auf den Fersen sind. Der MSCI Emerging Markets hat mit knapp 1300 Unternehmen etwas weniger Mitglieder als der MSCI World. Dennoch bietet er alle Möglichkeiten für ein diversifiziertes Engagement in Schwellenmärkten und bietet Zugang zu einer großen Bandbreite an Unternehmen aus Schwellenländern. In jedem der 24 Länder deckt der Index rund 85 Prozent der jeweiligen Marktkapitalisierung ab. Die Unternehmen werden wieder anhand ihrer jeweiligen Marktkapitalisierung im Streubesitz gewichtet.

Aus Südamerika sind Brasilien, Chile, Kolumbien, Mexiko und Peru vertreten. Aus Europa sind Griechenland, Polen, Tschechien und Ungarn dabei. Aus Afrika und Vorderasien gehören, neben Ägypten, die Ölstaaten Katar, Kuwait und Saudi-Arabien und Vereinigte Arabische Emirate sowie Südafrika und die Türkei dazu. Asien ist die bei weitem am stärksten vertretene Region. Neben Indonesien, Malaysia, den Philippinen, Südkorea und Thailand sind vor allem mit China und Indien die beiden bevölkerungsreichsten Länder dieser Erde vertreten, die in den vergangenen Jahrzehnten eine fulminante ökonomische Aufholjagd gestartet haben.

Diese Länder sind inzwischen nicht nur große Volkswirtschaften, sie beherbergen auch viele und große Aktiengesellschaften. China führt aktuell mit rund 25 Prozent Anteil. Vor einigen Jahren lag dieser Anteil noch höher, die Verluste chinesischer Aktien seit dem Ausbruch der Covidkrise haben ihn jedoch zurückgedrängt. Im Gegenzug hat Indien aufgeholt und inzwischen mehr als 20 Prozent Anteil am Index. Knapp dahinter folgt Taiwan. Auch Südkorea, das angesichts seiner wirtschaftlichen und politischen Strukturen von vielen Ökonomen bereits als Industrieland betrachtet wird, verfügt noch über mehr als zehn Prozent Gewicht. Für MSCI hindern aber noch zu restriktive Kapitalverkehrskontrollen die Klassifizierung als Industrienation. Die Anteile der anderen Länder, auch der europäischen, liegen deutlich darunter. Eine Investition in den MSCI

Emerging Markets Index ist also in erster Linie eine Anlage in den asiatischen Schwellenländern. Die wichtigsten Branchen in dem Schwellenländerindex sind Finanz- und IT-Werte.

Die nachhaltige Lösung: MSCI SRI Index

Die Abkürzung SRI steht für „Socially Responsible Investment", also ein soziales, verantwortungsbewusstes Investieren. ETF mit diesem Kürzel müssen strengere Kriterien einhalten und bestimmte Branchen ausschließen. Eine andere Abkürzung in diesem Bereich ist ESG, was für „Environment, Social and Governance" steht – ein Investment, das Aspekte der Umwelt, des Sozialen und einer guten Unternehmensführung in den Vordergrund stellt.

Die breite Lösung: MSCI All Country World Index (ACWI)

Der MSCI All Country World Index fasst den MSCI World und MSCI Emerging Markets zusammen. Er enthält somit fast 2700 Unternehmen aus insgesamt 47 Industrie- und Schwellenländern. Damit ist eine nahezu maximale Marktbreite erreicht. Auch der All County Index ist nach Marktkapitalisierung gewichtet. Das bedeutet: Die Industrieländer (allen voran die USA) machen den mit Abstand größten Anteil am Portfolio aus. Zwar wächst die Wirtschaft in den Emerging Markets tendenziell stärker als in den Industrieländern. Das galt aber zuletzt nicht für die Kursentwicklung der Aktien der wichtigsten Unternehmen. Das liegt vor allem daran, dass die zuvor stark gestiegenen chinesischen Werte in den vergangenen zehn Jahren deutlich hinter der Entwicklung in den Industrieländern zurückgeblieben sind. Im MSCI All County World Index machen die Schwellenländer ca. 11 Prozent aus, obwohl ihr Beitrag zur Weltwirtschaft gemessen am Bruttoinlandsprodukt rund 40 Prozent beträgt.

ETF auf MSCI World Index und MSCI ACWI Index

Der MSCI World hat sich als wichtigster Index für eine marktbreite Anlage etabliert. Entsprechend waren in den vergangenen Jahren alle ETF-Anbieter bemüht, ETF auf den Index aufzulegen. Oft wird ein MSCI World ETF auch Einsteigern empfohlen, weil sehr viele Anbieter einen Welt-ETF im Programm haben und so bei vielen Banken ein Sparplan auf einen der MSCI World ETF abgeschlossen werden kann.

Viele Anlegerinnen und Anleger fragen sich vielleicht, ob sie mit einem anderen oder zusätzlichen ETF die Performance nachhaltig verbessern können. Aus Sicht der Finanz-Expertinnen und -Experten der Stiftung Warentest reicht ein MSCI World ETF oder MSCI World All Country ETF aus. Das schließt allerdings nicht aus, dass mit gezielten Strategien und ausgewählten aktiv gemanagten Fonds zwischenzeitlich höhere Renditen erzielt werden können.

Auf lange Sicht jedoch spielen vor allem die unterschiedlichen Gebührenstrukturen den breit anlegenden ETF in die Karten. Mit einem komplexeren Portfolio holt man nicht automatisch mehr aus den Märkten heraus. Die Finanz-Expertinnen und -Experten der Stiftung Warentest empfehlen daher als Basis für die langfristige Geldanlage ETF auf den MSCI World Index.

Zur ersten Wahl gehören zum Beispiel thesaurierende Produkte von Amundi (ISIN LU1781541179), iShares (ISIN IE00B4L5Y983), UBS (ISIN IE00BD4TXV59) sowie Xtrackers (ISIN IE00BJ0KDQ92). Ihre Performance liegt auch über lange Zeiträume nur geringfügig unter dem Vergleichsindex. Insbesondere zu Beginn der Rentenphase können ausschüttende ETF für willkommene regelmäßige Einkommenszuflüsse sorgen. Entsprechende, von unseren Finanz-Expertinnen und -Experten empfohlene ETF bietet Amundi (ISIN FR0010315770), iShares (ISIN IE00B0M62Q58), UBS (ISIN IE00B7KQ7B66) und Xtrackers (ISIN IE00B4X9L533).

Schwankungen im MSCI World aussitzen

Der MSCI World Index ist ein Index, der sich ständig weiterentwickelt. Im Laufe der Jahre und Jahrzehnte haben sich die Gewichtungen stark verändert. Von den heutigen Top Drei Apple, Microsoft und Nvidia, die mit Abstand den größten Anteil im Portfolio haben, war allein Microsoft in den 1990er Jahren schon stark im Index vertreten. Top-Ten-Mitglied Tesla etwa gab es zur Jahrtausendwende noch gar nicht. Andererseits haben sich einige Werte über sehr lange Zeit gehalten. Dazu gehören die amerikanischen Markenaktien wie Coca-Cola und Pepsico, McDonald´s und Nike oder auch die Pharmawerte Pfizer und Novartis. SAP, der zurzeit stärkste deutsche Wert mit einem Rang unter den Top 50, ist ebenfalls schon seit Jahrzehnten dabei.

Insgesamt hat sich der MSCI World Index mit einem jährlichen Plus von rund acht Prozent seit 1970 gut entwickelt. Dennoch gab es auch heftige Krisen. Im schlechtesten Fall mussten Anleger 13 Jahre warten, bis sie ihr Einstandsniveau wieder erreichten. Das war nach der sogenannten Dotcom-Krise nach der Jahrtausendwende der Fall. Bis zum Jahr 2003 sackten damals die Kurse deutlich ab. Als nach der Wende im Jahr 2003 und anschließenden vier guten Jahren das Allzeithoch gerade wieder in den Blick kam, schlug die Finanzkrise zu. Erneut gingen die Kurse der Aktien und damit auch des MSCI World Index auf Tauchkurs. Erst im Jahr 2013 konnte das Niveau vom Jahrtausendbeginn wieder erreicht werden.

Auch danach mussten Anleger Rückschläge verkraften. Um das Jahr 2015 drückten die Schwierigkeiten in Griechenland und die Euro-Krise auf die Aktienkurse. 2020 stürzten die Kurse aufgrund der Verbreitung des Covidvirus binnen weniger Wochen um rund ein Drittel ab, erholten sich jedoch dank der massiven Staatshilfen und dem Aufschwung der Tech-Werte recht schnell. Der Absturz war erstaunlicherweise weniger tief und die Erholung schneller als während der Dotcom-Krise. Schließlich drückten der Russland-Ukraine-Krieg, die daraufhin weltweit steigende Inflation und anziehende Zinsen die Stimmung an den Kapitalmärkten. Trotz dieser Rückschläge jedoch erreichte der MSCI World Index schon im Jahr 2024 ein neues Allzeithoch.

Ausschüttungsstrategien zum Renteneintritt

In jungen Jahren wird Vermögen aufgebaut, kurz vor Renteneintritt sollte die Ansparphase weitgehend abgeschlossen sein. Nun geht es darum, die passende Strategie für eine private Zusatzrente umzusetzen. Wenn Sie schon größere Geldsummen in thesaurierenden ETF angespart haben, lohnt sich – wie auch bei der jungen Generation – ein Wechsel in ausschüttende Fonds nach Einschätzung der Finanz-Expertinnen und -Experten der Stiftung Warentest nicht.

Denn bei einem Wechsel würde zunächst die Abgeltungssteuer fällig, die nach langen Jahren mit positiver Börsenentwicklung beträchtlich ausfallen dürfte. Die Folge: Das in ausschüttende ETF investierbare Kapital würde deutlich schrumpfen und damit auch die potenziellen Ausschüttungen.

Das zeigt ein einfaches Rechenbeispiel: Claudia Mustermann hat über 25 Jahre 100 000 Euro in einen ETF-Sparplan eingezahlt. Dank guter Börsenentwicklung beläuft sich das Kapital inzwischen auf 250 000 Euro. Bei einem vorzeitigen Verkauf ihrer Anteile müsste sie auf ihren Gewinn von 150 000 Euro 25 Prozent Abgeltungssteuer zuzüglich 5,5 Prozent Solidaritätszuschlag abführen, mithin 39 563 Euro. Ihr Anlagekapital betrüge nach einem Wechsel in einen ausschüttenden ETF nur noch 210 437 Euro. Deshalb empfehlen die Finanz-Expertinnen und -Experten der Stiftung Warentest eine Zusatzrente über Entnahmepläne, wenn bereits beträchtliches Anlagekapital in thesaurierenden Fonds und ETF vorhanden ist. Wie ein Entnahmeplan funktioniert, was Sie beachten sollten und wie sich das steuerlich auswirkt, erfahren Sie im Kapitel „Entnahmepläne – genau geplant und gesteuert" ab S. 107.

Passives Einkommen durch ausschüttende Fonds und ETF

Wenn Sie über ein Barvermögen verfügen, Geld aus einer Lebens- oder Rentenversicherung ausbezahlt bekommen oder aber ein Erbe erhalten haben, sieht die Lage anders aus. Dann können Sie sich per Dividendenstrategie eine Zusatzrente auszahlen. Ausschüttende Dividendenfonds oder aber ausschüttende ETF auf den MSCI World ermöglichen ein passives Einkommen, ohne dass der Aktienbestand angefasst wird. Der MSCI World Index enthält jedoch einen überdurchschnittlich hohen Anteil an Technologieaktien, die in der Regel nur relativ geringe Dividenden zahlen. Der Gewinn geht zu einem großen Teil in Wachstumsgeschäfte oder Aktienrückkäufe, die Ausschüttungen fallen damit im Vergleich zu Dax oder Euro STOXX relativ gering aus. Im Gegenzug sind die Kursgewinne meist höher.

Trotzdem sind ETF auf eben diese ausschüttungsstärkeren Indizes wie Dax oder Euro STOXX keine empfohlene Alternative, weil sie zu wenig streuen. Anlegerinnen und Anleger können aber weltweit anlegende ETF wählen, die explizit auf dividendenstarke Werte setzen. Hier gibt es zahlreiche unterschiedliche Produkte (siehe „Spezielle Dividenden-Anlagen", S. 94).

Allen gemein ist, dass Dividenden bei der Aktienauswahl eine wichtige Rolle spielen und die Ausschüttungen im Regelfall deutlich über denen des MSCI World liegen. Allerdings sollten Anlegende bedenken, dass die Gesamtperformance dieser ETF, zumindest in den vergangenen Jahren, nicht mit den Zuwächsen des technologielastigen MSCI World mithalten konnte. Im ersten Jahrzehnt dieses Jahrtausends und auch auf sehr lange Sicht war das jedoch anders. Möglich, dass in der Zukunft dividendenstärkere Value-Werte stärker gefragt sind als riskantere Technologieaktien, sicher aber ist das nicht.

Time schlägt Timing

Sollten Anlegerinnen und Anleger ihr gesamtes Kapital auf einen Schlag investieren – oder lieber in mehreren Raten einsteigen? Diese Frage beschäftigt viele, wenn sie auf einmal einen größeren Kapitalzufluss bekommen. Groß ist die Sorge, bei einer Einmalanlage direkt vor einem Abschwung zu investieren und gleich einen größeren Teil des Kapitals zu verlieren. Dieses Risiko lässt sich nie ganz ausschließen. Grundsätzlich

Dividenden gehören zum Ertrag

Dividenden haben in den Weltregionen einen unterschiedlich hohen Anteil am Gesamtertrag der Aktieninvestitionen. In Europa machen sie etwa die Hälfte der Rendite aus, in den USA deutlich weniger. Der MSCI World liegt in der Mitte. Zuletzt ist der Anteil der Dividenden am Gesamtertrag in allen Weltregionen zurückgegangen. Hier zeigt sich der Aufschwung der besonders performancestarken und gleichzeitig dividendenschwachen Technologieaktien.

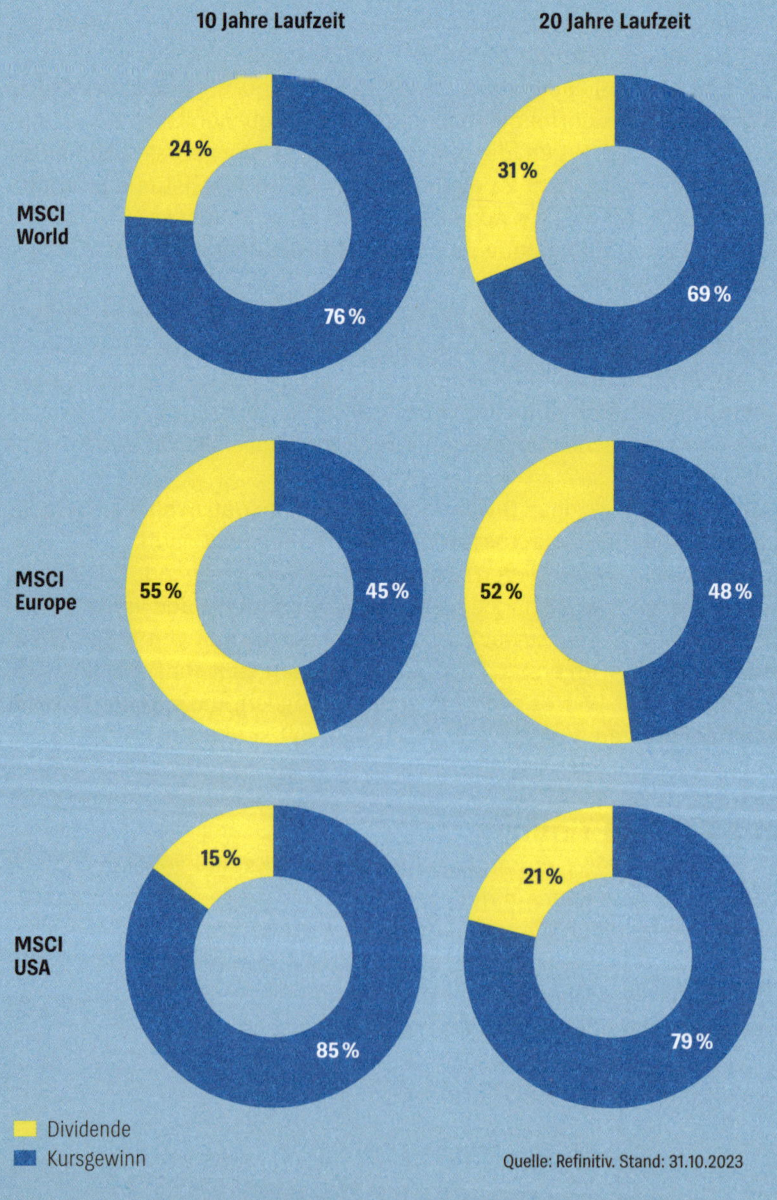

Quelle: Refinitiv. Stand: 31.10.2023

gilt: Time schlägt Timing. Je länger Anlegerinnen und Anleger ihr Kapital an den Aktienmärkten investieren, umso höher ist die Rendite. Für den Geldbeutel ist es in der Mehrzahl der Fälle besser, wenn man alles auf einmal anlegt. Für Ihre Nerven kann es aber möglicherweise beruhigender sein, wenn Sie Ihr Geld nicht auf einen Schlag, sondern in Raten investieren. Länger als zwei Jahre sollten Sie die Anlage aber nicht strecken. Sonst erhöht sich die Wahrscheinlichkeit, dass sich die durchschnittliche Rendite vermindert.

Einmalanlage oder Einstieg in Raten

Unsere Finanz-Expertinnen und -Experten haben alle rollierenden Einjahreszeiträume des MSCI World Index seit 1970 analysiert und ausgerechnet, wann der tranchenweise Einstieg besser oder schlechter war als der Kompletteinstieg. Zusätzlich haben sie auch noch geschaut, ob und wie sich die Ergebnisse in Abhängigkeit von der Marktphase zu Beginn der jeweiligen Investmentperiode verändern. Die Idee dahinter ist folgende: Hat der Markt gerade einen starken Einbruch verzeichnet und liegt weit unter seinem bisherigen Höchststand, wird er wahrscheinlich nicht noch weiter oder zumindest nicht mehr so stark fallen. Anders ist die Situation, in der der Markt auf einem neuen Höchststand ist. Dann wäre ein starker Einbruch möglich.

Für einen Investor heißt das: Vermutlich lohnt sich die All-In-Variante mehr, wenn der Markt bereits stark gefallen ist und man eher mit einer Erholung rechnen kann. Liegt der Markt dagegen nahe oder auf einem neuen Höchststand, könnte die „Nach und nach"-Variante mehr Sicherheit bieten. In zwei Drittel aller Fälle wäre die All-in-Variante aber besser gewesen. Selbst wenn der Markt einen neuen Höchststand erreicht hatte oder knapp darunter lag, war in 70 Prozent der Fälle die „Alles auf einmal"-Variante besser. Gab es zuvor einen starken Einbruch um mehr als 40 Prozent, war man in 86 Prozent der Fälle mit der All-in-Strategie besser. Meistens lohnte sich also der ratenweise Einstieg nicht – man verschenkte einfach Rendite (siehe dazu test.de, Stichwort Markteinstieg).

Spezielle Dividenden-Anlagen

Höhere Dividendenausschüttungen als im MSCI World Index sind durchaus möglich. Allerdings mussten sich Anleger bei diesen Anlagestrategien im vergangenen Jahrzehnt mit geringeren Kurszuwächsen begnügen.

„Dividende gut, alles gut" – diese Weisheit von alten Börsianern hat sich in den vergangenen Jahrzehnten allzu häufig nicht bewahrheitet. Denn wie schon im dritten Kapitel zur Rendite erläutert, macht die Dividende nur einen Teil der Gesamtperformance einer Aktie aus. Im Gegensatz zu den Ausschüttungen, die nur auf null sinken können, kann die Kursentwicklung eines Papiers auch negativ sein und zu erheblichen Verlusten führen. Das mussten Anleger in der Vergangenheit gerade bei Branchen erfahren, die als besonders dividendenstark galten.

MSCI World und Dividendenergänzung

Mit dem inzwischen hohen Anteil der IT-Werte ist im MSCI World Index die durchschnittliche Dividendenrendite deutlich gesunken. Sie liegt aktuell bei rund 2 Prozent. In früheren Jahren notierte sie mit höheren Anteilen von dividendenstarken Pharma- und Finanzwerten bei 3 Prozent und mehr. Anders als Einzelaktionäre müssen sich ETF-Anleger keine Gedanken um den Erhalt und die individuelle Versteuerung der Dividenden machen. Alle ETF auf den MSCI World berücksichtigen immer auch die Dividenden nach Abzug der Quellensteuer für Dividenden im jeweiligen Land. Der ETF-Anbieter erhält die Dividenden, zahlt die Quellensteuer und lässt die Nettodividenden den Anlegern zukommen. Sie werden entweder ausgeschüttet oder im Fondsvermögen wieder angelegt (Thesaurierung).

Weniger performancestark, aber mit höheren Ausschüttungen als der MSCI World Index, präsentierten sich im vergangenen Jahrzehnt Dividendenfonds und Dividenden-ETF. Über sehr lange Zeiträume konnten die dividendenstarken Aktien durchaus mit dem Gesamtmarkt mithalten. Wer als Anleger Wert auf regelmäßige Ausschüttungen und Einkommenszuflüsse legt, kann einem MSCI World Portfolio daher gezielt dividendenoptimierte ETF hinzufügen.

Einzelne Dividendenaktien bergen Risiken

Trotz stabiler Dividenden sind Investments in Einzelwerte immer mit Risiken behaftet. Vor der Finanzkrise beispielsweise galten Bankaktien als klassische Dividendenwerte. Noch im Jahr 2008 schütteten sie reichlich für das abgelaufene Jahr 2007 aus. Die Kurse befanden sich da schon im Sturzflug. Die Dividendenrendite schoss in die Höhe. In den Folgejahren stürzten die Kurse der Finanzwerte weiter ab, und irgendwann gab es dann auch keine Dividenden mehr. Ähnlich ging es den deutschen Versorgern, die von den Beschlüssen zu den Ausstiegen aus der Atomkraft und der Kohle überrascht wurden.

Die Höhe der Dividendenrendite ist deshalb kein ausreichendes Qualitätsmerkmal für eine Aktie. Für überzeugte Dividendeninvestoren spielt deshalb ein ganzes Bündel von Kennziffern zusammen. Dazu gehört eine mindestens konstante, am besten stetig steigende Ausschüttung. Sie sollte gleichzeitig nicht zu niedrig sein und mindestens bei einem Prozent liegen. Auch die Ausschüttungsquote darf nicht zu hoch ausfallen und idealerweise zwischen 25 und 75 Prozent des Nettogewinns schwanken, damit noch ausreichend Kapital für Investitionen in das Unternehmenswachstum zur Verfügung steht. Insbesondere die Kontinuität der Unternehmensgewinne ist für viele Unternehmen ein Problem. Denn sie stammen aus Branchen, deren Entwicklung zyklisch verläuft. So wirkt sich in der Chemie und im Automobilbau die jeweils aktuelle konjunkturelle Entwicklung in der Regel überproportional auf die Gewinne der Unternehmen aus. Läuft die Wirtschaft gut und steigen die Einkommen, sind Verbraucher etwa deutlich stärker bereit, für Autos hohe Preise zu bezahlen. Entsprechend hoch notieren mitunter die Gewinn- und Dividendensteigerungen.

Gleichzeitig wissen aber professionelle Anleger, dass solche Gewinne nicht dauerhaft sind. Entsprechend steigen die Kurse nicht unbedingt und es kommt zu überdurchschnittlich hohen Dividendenrenditen. Daher sind die Aktien nicht unbedingt erste Wahl. Das hat sich im Jahr 2024 gezeigt. Zwar zahlten die Automobilhersteller rekordhohe Dividenden für das Jahr 2023 aus. Gleichzeitig herrschte aber wegen der Herausforderungen der Elektromobilität Skepsis in Bezug auf die Zukunftsaussichten. Das Resultat: Während der DAX im Jahr 2024 von Rekord zu Rekord eilte, dümpelten die Aktien der Automobilhersteller

Volkswagen, Daimler und BMW weit unter ihren historischen Höchstständen.

Bei solchen Kursentwicklungen macht die beste Dividendenrendite wenig Freude. Ähnliche Entwicklungen gab es in der Vergangenheit auch bei Unternehmen aus der Chemieindustrie oder dem Maschinenbau. Sehr kontinuierliche Ausschüttungen erhalten Anleger dagegen von Unternehmen aus entwickelten Branchen, die weitgehend von der Konjunktur unabhängig sind und auch schwierige Zeiten wie die Finanzkrise oder die Covidkrise ohne nennenswerte Umsatz- oder Gewinneinbußen überstanden haben. Dazu gehören Unternehmen aus dem Versicherungs- und Pharmabereich, besonders aber aus dem Basiskonsum. Denn gegessen und getrunken wird immer. Viele dieser Unternehmen gehören zu den sogenannten Dividendenaristokraten. Deren Aktien haben in den vergangenen Jahrzehnten durchaus Steigerungspotenzial bewiesen. Dazu gehören vor allem amerikanische Aktien wie Pepsico oder Coca-Cola, Johnson & Johnson oder McDonald's. Diese Unternehmen haben über mindestens 25 Jahre (und teilweise noch viel mehr) kontinuierlich die Dividende erhöht. Wer die jeweiligen Aktien vor 30, 40 oder 50 Jahren erworben hat, bekommt heute pro Jahr mehr an Dividende ausgezahlt, als damals für die Aktie gezahlt wurde.

Solch kontinuierliche Dividendensteigerungen in allgemein guten wie auch in schwierigen Wirtschaftszeiten sind ein Qualitätsmerkmal. Aber selbst die Zugehörigkeit zu den Dividendenaristokraten ist keine Garantie – weder für Kurssteigerungen noch für ewig steigende Dividenden. Das mussten Anleger zum Beispiel beim Dow Jones Unternehmen 3M (Minnesota Mining and Manufacturing Company) erfahren. Verbraucher kennen vor allem die 3M-Marken Post-it und Scotch. Insgesamt produziert das Unternehmen aber über 50 000 verschiedene Produkte. Über 65 Jahre hatte 3M kontinuierlich die Ausschüttungen gesteigert und galt als einer der stabilsten Dividendenaristokraten überhaupt – bis zum Frühjahr 2024. Die dann erfolgte Dividendenkürzung war nur das Spiegelbild eines vorangegangenen Sturzflugs der Aktie.

Keine Einzelwerte zum Vermögensaufbau

Überraschungen sind bei Einzelwerten nie auszuschließen. Nicht umsonst gilt als eine der ältesten Börsenweisheiten das Bonmot „Lege nie alle Eier in ein Nest". Selbst das stärkste Unternehmen kann von der ökonomischen Wirklichkeit überholt werden. Die Favoriten von gestern sind keinesfalls die Favoriten von morgen oder übermorgen. So waren die teuersten Unternehmen der Welt im Jahr 1980 das Computerunternehmen IBM, die Telekommunikationsspezialisten von AT&T sowie das Ölunternehmen Exxon. Außer IBM war von Computer-, IT- und Internettechnologie nichts zu sehen. Der Öl- und Gassektor war mit sechs Öl- und Gasunternehmen in den Top Ten die stärkste Branche und damit die wichtige Wirtschaftskraft.

Im Jahr 2000 waren Technologieunternehmen zwar schon auf der Überholspur: Aber neben dem damals teuersten Unternehmen Microsoft und Cisco war es zum Beispiel Intel, das heute stark um seine Position kämpfen muss. Ebenfalls unter den Top 10: Nokia als teuerstes Unternehmen der Eurozone. Von Apple oder gar Nvidia war kaum etwas zu sehen. Der Blick zurück zeigt: Nur selten können sich Unternehmen über lange Zeit an der Spitze halten und neben auskömmlichen Dividenden auch eine gute Kursperformance zeigen. Wer in einzelne Dividendentitel investieren möchte, muss deshalb das Unternehmen und seine Wettbewerbsfähigkeit im Auge behalten. Ein Favoritenwechsel kann überdies teuer werden: Bei jedem Verkauf fallen Kapitalertragsteuern an, die die Rendite und die private Zusatzrente schmälern. Deshalb raten die Finanz-Expertinnen und -Experten der Stiftung Warentest von Einzelwerten zum Vermögensaufbau ab. Sicherer ist auf jeden Fall die Investition in breit anlegende Investmentfonds oder ETF.

Aktiv gemanagte Dividendenfonds

Die Stunde von Dividendenfonds schlug nach der Jahrtausendwende. Viele Anleger hatten im ersten Technologiehype der späten 1990er Jahre auf Internetaktien und in Deutschland auf Werte vom „Neuen Markt" gesetzt. Im März 2000 platzte die Blase. In den folgenden drei Jahren gaben die Kurse weltweit nach. Zahlreiche neue Unternehmen gingen in die Insolvenz. Selbst große Tech-Werte, die im Jahr 2024 noch existieren, gaben 80 Prozent und mehr nach.

Einigen aber wie Apple und Microsoft gelang in den Jahren danach der Turnaround. Heute sind sie die teuersten Unternehmen der Welt. Zunächst jedoch verlegten sich Anleger in den 2000er Jahren auf Aktien von Firmen, die vor der Jahrtausendwende weniger stark geglänzt hatten: Versorger und Rohstoffe, Konsum und Chemie, Gold- und andere Minenwerte. Im Wesentlichen klassische Dividendenwerte.

Diese Unternehmen waren zum einen günstig bewertet, denn sie waren im Technologiehype der 1990er Jahre von den Börsianern stiefmütterlich behandelt worden. Zum anderen hatten sie in den Jahren zuvor nicht übermäßig investiert, waren entsprechend gering verschuldet und zahlten regelmäßig Dividenden aus. Schließlich profitierten sie von dem Konjunkturaufschwung, der kurz danach einsetzte.

Auch die Fondsbranche erkannte die Gelegenheit und legte zunehmend „Dividendenfonds" auf. In diesen Dividendenfonds sammelten sie Aktien mit überdurchschnittlichen Ausschüttungen und stabilen Geschäftsaussichten. Das funktionierte zunächst sehr gut. Gerade konservative Anleger, die sich von den regelmäßigen Ausschüttungen Sicherheit versprachen, investierten in die neuen Produkte. Obwohl nach der Finanzkrise und bis heute Wachstumswerte an der Börse besser abschnitten als die klassischen Dividendenwerte, sind Dividendenfonds und Dividenden-ETF weiterhin gefragt.

Dividendenfonds sind relativ schwankungsarm

Dividendenfonds gelten unter den Aktienfonds als vergleichsweise defensiv. Das heißt: Sie sind weniger volatil als der Gesamtmarkt. Der Grund: Dividendenfonds enthalten vorrangig Unternehmen mit stabilen Geschäftsmodellen und verlässlichen Einnahmen. Dazu gehören zum Beispiel Pharma-, Versorger- oder Lebensmittelkonzerne.

Denn wenn es mit der Wirtschaft allgemein bergab geht, verzichten viele Kunden vielleicht auf größere Anschaffungen wie Möbel, Autos oder kostspielige Fernreisen. An Medikamenten, Strom oder Lebensmitteln können sie jedoch auch in schwierigen Zeiten kaum sparen. Mit Dividendenfonds setzen Anleger auf eine Strategie, die in unterschiedlichen Marktphasen eine ordentliche, aber nicht unbedingt die beste Rendite verheißt.

In Zeiten stark steigender Kurse bleiben die Dividendenfonds in der Regel hinter dem Gesamtmarkt zurück. Dafür können Anlegerinnen und Anleger hoffen, in einer Börsenkrise mit ihnen nicht so stark abzurutschen wie der Gesamtmarkt und die entsprechenden Indizes wie der MSCI World.

Das zeigte sich zum Beispiel im Jahr 2022. Als die Inflation nach dem Angriff Russlands auf die Ukraine deutlich anstieg und die internationalen Notenbanken mit Leitzinserhöhungen reagierten, gingen die Aktienbörsen in die Knie. Besonders stark erwischte es die zuvor stark gestiegenen Technologieaktien. Dagegen blieben viele Fonds weitgehend verschont, die auf dividendenstarke Energie- und Minenwerte gesetzt hatten. Allerdings haben sich auch die Manager von Dividendenfonds in den vergangenen Jahren von der reinen Lehre hoher Dividendenrenditen abgewendet. Mehr und mehr rückten die Dividendenkonstanz und geringe Ausschüttungsquoten in den Vordergrund oder es werden andere Qualitätsmerkmale bei der Auswahl kombiniert. Entsprechend sind inzwischen in vielen Fonds auch zahlreiche Technologiewerte vertreten. Voraussetzung ist allerdings, dass sie wie Apple oder Microsoft überhaupt Dividenden zahlen. Zu den drei bekanntesten und größten aktiven Dividendenfonds zählen der DWS Top Dividende, der Deka Dividenden Strategie und der JP Morgan Global Dividend.

DWS Top Dividende: Reduziertes Risiko

Der DWS Top Dividende (ISIN DE0009848119) ist mit rund 20 Milliarden Euro Fondsvolumen der größte und bekannteste gemanagte Dividendenfonds. Anders als bei Dividenden-ETF (siehe unten) folgt der seit fast 20 Jahren amtierende Fondsmanager Thomas Schüßler bei seiner Aktienauswahl keinem Index. Er investiert weltweit in Aktien mit überdurchschnittlichen hohen Dividendenrenditen. Aufgrund der Größe des Fonds konzentriert er sich in erster Linie auf größere Unternehmen. Seine Rendite ist in den vergangenen Jahren recht deutlich hinter dem MSCI World Index zurückgeblieben. Das liegt auch daran, dass im Fondsportfolio weiterhin Informationstechnologie im Vergleich zum MSCI World stark untergewichtet ist. Die dominierenden Branchen sind der Finanzsektor, Gesundheitsdienstleistungen und Energie.

Die am höchsten gewichteten Aktien waren Ende Dezember 2024 die Edelmetallmine Agnico Eagle Mines, der Chip-Produzent Taiwan Semiconductor Manufacturing sowie die britische Öl- und Gasfirma Shell. Per Ende Dezember 2024 erzielte der Fonds aufgrund seiner defensiven Ausrichtung über die vergangenen fünf Jahre eine durchschnittliche Rendite von vergleichsweise mageren 5,0 Prozent pro Jahr. Die aktuelle Bewertung unserer Finanz-Redaktion: ein Punkt. In früheren Jahren wurde der Fonds allerdings durchaus höher bewertet.

Deka Dividenden Strategie: Technologie und Dividendenklassiker

Deka, die Fondsgesellschaft der Sparkassen, sprang im Jahr 2010 auf den Dividendentrend und legte den Deka Dividenden Strategie (ISIN DE000DK2CDS0) auf. Inzwischen hat der Fonds, dessen Fondsmanagement auf Dividendenrendite, Dividendenqualität und Dividendenwachstum setzt, rund 17 Milliarden Euro Volumen.

Der Deka Dividenden Strategie investiert etwas offensiver als der DWS-Fonds. Top-Position im Portfolio war im Dezember 2024 die Aktie von Microsoft. Zwar positionierte sich Microsoft mit einer Ausschüttungssumme von über 20 Milliarden Dollar zuletzt als insgesamt ausschüttungsstärkstes Unternehmen der westlichen Welt, die Dividendenrendite lag jedoch unter einem Prozent. Unter den Top Ten im Portfolio des Deka-Fonds befinden sich jedoch auch zahlreiche klassische Dividendenwerte wie Procter & Gamble oder Broadcom.

Auch Europa ist mit den Pharmakonzernen Sanofi und Novartis oder der Deutschen Telekom stark vertreten. Per Ende Dezember 2024 erzielte der Fonds über die vergangenen fünf Jahre eine durchschnittliche Rendite von 8,0 Prozent pro Jahr. Die aktuelle Bewertung unserer Finanz-Redaktion: zwei Punkte – in den Jahren 2023 und 2024 lag sie aber durchgehend bei drei Punkten.

JP Morgan Global Dividend: Starker Fokus auf IT

Zu den erfolgreichsten Dividendenfonds gehört seit vielen Jahren der JPM Global Dividend. (ISIN LU0329202252). Die Strategie des Fonds unterscheidet sich recht deutlich von den beiden deutschen Marktführern. Fondsmanager Sam Witherow konzentriert sich vor allem auf Aktien, deren Dividenden wachsen. Zudem mischt er dem Portfolio auch Wachstumsaktien und Dividendenklassiker bei.

Mit dieser Mixtur gelang es ihm, in den vergangenen zehn Jahren nahezu die Performance des MSCI World zu egalisieren. Trotz geringerer Dividendenrendite setzt der Fondsmanager auf langfristig vielversprechende Themen wie Cloud, Big Data oder die Energiewende. So finden sich unter den am höchsten gewichteten Titeln im Portfolio Microsoft, der Dividenden-Newcomer Meta Platforms (Ex-Facebook) und Taiwan Semiconductor Manufacturing.

Per Ende Dezember 2024 erzielte der offensiver ausgerichtete Fonds über die vergangenen fünf Jahre eine durchschnittliche Rendite von 11,5 Prozent pro Jahr und ließ die beiden deutschen Dividendenfonds deutlich hinter sich. Die aktuelle Bewertung unserer Finanz-Redaktion: seit längerer Zeit konstant bei vier Punkten.

Fonds mit angestrebter Ausschüttungsrendite

Ein Kennzeichen von Dividendenfonds ist ihre überdurchschnittliche Ausschüttungsrendite. Fast alle streben jährliche Dividenden (egal ob thesaurierend oder ausschüttend) von drei bis vier Prozent an. Unter den weltweit anlegenden Fonds mit hohen Ausschüttungsquoten gibt es einige, die sogar ihre Ausschüttungsquoten mehr oder weniger festgelegt haben. Dafür nehmen sie in Kauf, gegebenenfalls aus der Substanz auszuschütten. Das bedeutet: Sie zahlen mehr aus, als sie an Dividenden eingenommen haben. Der DWS Top Dividende ist wie oben beschrieben der größte deutsche Aktienfonds. Für diesen Flaggschifffonds gibt es unterschiedliche Anteilsklassen. Eine davon heißt DWS Invest Top Dividend USD LDM (ISIN LU0911038429). Diese Anteilsklasse schüttet monatlich 0,5 Prozent des Fondsvermögens aus. Das macht auf Jahressicht rund sechs Prozent und entspricht aktuell fast dem Doppelten der normalen, in Deutschland gängigeren Tranche des DWS Top Dividende. Die Tranche mit garantierten Ausschüttungen wurde vor allem für den asiatischen Markt entwickelt. Sie sorgt bei entsprechend großen Anlagevermögen für regelmäßige hohe Erträge. Im Gegenzug müssen Anleger aber damit rechnen, dass das Fondsvermögen per saldo langfristig kaum wächst und zwischenzeitlich auch schrumpft. Die aktuelle Bewertung unserer Finanz-Redaktion: ein Punkt.

Die Fondsmanager des AB Low Volatility AR (LU1536768523) bemühen sich, die Risiken der Aktienanlage zu minimieren und erreichen eine damit auffallend hohe, relativ konstante Ausschüttungsquote, die zuletzt bei knapp fünf Prozent pro Jahr lag. Der Fonds warnt auf seiner Website davor, dass Ausschüttungen aus der Substanz erfolgen können. In den letzten Jahren war das jedoch nicht unbedingt der Fall. Durch einen relativ hohen Anteil an Technologieaktien war auch die Performance überdurchschnittlich gut, selbst wenn die des MSCI World Index nicht erreicht werden konnte. Die am höchsten gewichteten Aktien im Portfolio waren per Ende Dezember 2024 Microsoft, Apple und Alphabet, mithin keine klassischen Dividendenaktien. Die aktuelle Bewertung unserer Finanz-Redaktion: drei Punkte.

Der Robeco QI Global Conservative Equities B (ISIN LU0705780269) strebt explizit eine Ausschüttungsrendite von rund vier Prozent pro Jahr an. Zuletzt lag sie knapp darunter. Das lag auch an der hohen Gewichtung der Technologiegiganten Apple, Microsoft und Alphabet. Insgesamt investiert der Fonds jedoch zu nahezu gleichen Teilen in den Branchen Informationstechnologie, Finanzen, Gesundheit/Healthcare, Telekommunikation und Konsumgüter. Die aktuelle Bewertung unserer Finanz-Redaktion: zwei Punkte – im Jahr 2023 erreichte der Fonds jedoch auch schon drei Punkte.

Dividenden-ETF

Eine Alternative zu aktiv gemanagten Dividendenfonds sind ETF mit Dividendenschwerpunkt. Als sie vor knapp 20 Jahren aufgelegt wurden, litten sie in zunächst unter einem Konstruktionsnachteil. Damals wurden die Aktien für die Indizes nämlich meist allein nach der Höhe der Dividendenrendite ausgewählt. So tappten die Anlegerinnen und Anleger mit ihren ETF in Dividendenfallen. Denn in den Indizes waren Banken und andere Finanzwerte übergewichtet. Diese Unternehmen zahlten zwar zunächst noch hohe Dividenden aus, kamen aber in der Finanzkrise fürchterlich unter die Räder.

Viele Spezialisten hatten das Unheil kommen sehen. Entsprechend schnitten aktiv gemanagte Dividendenfonds damals weit besser ab als passive Dividenden-ETF. Das änderte sich jedoch bald. Inzwischen werden von den ETF-Konstrukteuren auch qualitative Kriterien wie die Dividendenkonstanz und/oder niedrige Ausschüttungsquoten stärker berücksichtigt. Die Performance von aktiven und passiven Dividendenstrategien näherte sich in der Folge deutlich an.

Wie aktiv gemanagte Aktienfonds blieben jedoch in den vergangenen Jahren auch Dividenden-ETF hinter der Performance von ETF auf den marktbreiten MSCI World mit seinem hohen Anteil an Technologiewerten zurück. Das ist eine typische Entwicklung in Zeiten boomender Aktienmärkte.

Trotz des generellen Rückstandes zum MSCI World Index haben sich verschiedene Dividendenindizes in den vergangenen Jahren sehr unterschiedlich entwickelt. Das liegt zum einen an den Auswahlkriterien, zum anderen auch an der regionalen Ausrichtung. Grundsätzlich schnitten Indizes mit einem höheren Anteil an US-Werten besser ab als Indizes, die ihren Schwerpunkt auf europäische Dividendenwerte oder dividendenstarke Aktien aus den Emerging Markets legten. Auch besonders hohe Ausschüttungsrenditen waren ein Contra-Indikator für Performance. Zu den bekanntesten ETF gehören Produkte auf folgende Indizes:

ETF auf den STOXX Global Select Dividend 100

Der Index ist eine Kombination dreier regionaler Dividendenindizes des Anbieters STOXX. Jeweils 30 Aktien stammen aus dem europäischen und dem Asien-Pazifik-Raum, 40 Aktien aus Nordamerika. Neben der Dividendenrendite spielen bei der Auswahl die Kontinuität der Ausschüttungen und das Verhältnis der Ausschüttung zum Unternehmensgewinn eine Rolle. Die Ausschüttungsrendite beträgt zurzeit überdurchschnittliche 5,2 Prozent.

Die größten Aktienpositionen sind SITC International Holdings, Yancoal Australia und New Hope Corporation. Die USA machen den stärksten Länderanteil aus, allerdings mit nur rund 20 Prozent. Das erklärt auch den deutlichen Renditeabstand zum MSCI World Index. Die Rendite lag in den vergangenen fünf Jahren bei 6,3 Prozent p. a., rund die Hälfte des MSCI World. ETF auf diesen Index gibt es unter anderem von iShares (DE000A0F5UH1) und Xtrackers (LU0292096186). Die aktuelle Bewertung unserer Finanz-Redaktion: jeweils ein Punkt.

ETF auf den FTSE All-World High Dividend Yield

Der Index pickt aus den etwa 3700 Aktien im Weltindex FTSE All-World rund 2000 Aktien mit den höchsten Dividendenrenditen und niedrigen Kurs-Buchwert-Verhältnissen heraus. Für die Auswahl der Einzelwerte wird die Dividendenschätzung auf Sicht von 12 Monaten herangezogen. Die Ausschüttungsrendite liegt aktuell bei rund 3 Prozent und damit niedriger als beim STOXX Global Select Dividend 100. Die Rendite lag in den vergangenen fünf Jahren bei 9,2 Prozent p. a. deutlich über dem Konkurrenzangebot.

Am höchsten gewichtet sind zurzeit die Aktien von JPMorgan Chase, Exxon und The Home Depot. US-Aktien machen rund 44 Prozent des Portfolios aus. Dominierend ist die Finanzbranche. Investieren können Anleger mit einem ausschüttenden (ISIN IE00B8GKDB10) und einem thesaurierenden ETF (ISIS IE00BK5BR626) von Vanguard. Die aktuelle Bewertung unserer Finanz-Redaktion: zwei Punkte.

ETF auf den S & P Global Dividend Aristocrats

Der Index setzt auf weltweite Unternehmen mit hoher Dividendenrendite. Er enthält knapp 100 Aktien aus der ganzen Welt. Sie müssen mehrere Bedingungen erfüllen: Zum einen eine Dividendenhistorie mit mindestens zehn Jahren konstanter oder steigender Dividendenausschüttung. Zudem darf die Dividendenrendite nicht über zehn Prozent liegen, um Dividendenfallen zu vermeiden. Und schließlich darf die Dividende niemals aus der Substanz ausgeschüttet worden sein.

Rund 55 Prozent des Portfolios sind in den USA angelegt, Versorger und Finanzen machen jeweils rund ein Viertel des Portfolios aus. Auch aufgrund dieser Branchenverteilung lag die Performance über die vergangenen fünf Jahre nur bei 5,3 Prozent pro Jahr; die Ausschüttungsrendite beträgt zurzeit etwa 3,6 Prozent. Anlegerinnen können über einen entsprechenden ETF von SPDR (ISIN IE00B9CQXS71) investieren. Die aktuelle Bewertung unserer Finanz-Redaktion: ein Punkt.

ETF auf den S & P 500 Dividend Aristocrats

In den USA sind die Bedingungen für Aristokraten strenger. Der S & P 500 Dividend Aristocrats nimmt nur Aktien von Unternehmen auf, die in den vergangenen 25 Jahren ihre Dividenden stetig erhöht haben. Aktuell sind 66 der 500 Aktien des S & P im Aristokraten-Index vertreten. Dabei

Wissenswertes zu Dividenden

Bereits Anfang des

17. Jahrhunderts

zahlte die Niederländische Ostindien-Kompanie (VOC) erstmals eine Dividende an ihre Aktionäre.

»

25 Mal hintereinander muss ein Unternehmen die Dividende angehoben haben, dann darf es sich Dividenden-Aristokrat nennen.

«

Seit über

100 Jahren

zahlen unter anderem Unternehmen wie Coca-Cola, General Mills, Colgate-Palmolive, Canadian Pacific Railway, Procter & Gamble und Pfizer eine Dividende.

Wer Aktien des Unternehmens Lindt & Sprüngli hält, bekommt auf der jährlichen Generalversammlung eine Naturaldividende: einen

etwa 4 kg

schweren Koffer voll Schokolade. Der Haken: eine Aktie kostet über 100 000 Euro.

The York Water Company zahlt

seit 1816

kontinuierlich Dividenden und ist damit das Unternehmen mit der längsten ununterbrochenen Dividendenhistorie.

Quellen: S & P Global, Lindt & Sprüngli, DSW, eigene Recherche. Stand: Januar 2025

sind die Branchen Versorger, Finanzen und Konsumgüter am stärksten vertreten.

Unter den am stärksten gewichteten Aktien finden sich bekannte Namen wie Chevron, Reality Income, Black & Decker, McDonald's und Caterpillar. Die Ausschüttungsrendite liegt bei zwei Prozent. Mit einer jährlichen Rendite von 9,6 Prozent über die vergangenen fünf Jahre hat der ETF von SPDR (ISIN IE00B6YX5D40) auf den US-Aristokratenindex besser abgeschnitten als die globalen Dividendenindizes. Gleichwohl blieb auch er hinter dem MSCI World und dem S&P-Index zurück, die vom überproportionalen Aufschwung der Technologiewerte profitierten. Die aktuelle Bewertung unserer Finanz-Redaktion: zwei Punkte

Deutsche Dividenden-Indizes mit Rückstand

Deutsche Aktien liefern im internationalen Vergleich überdurchschnittliche Dividenden. Anlegerinnen und Anleger können auf zwei ETF auf Indizes mit unterschiedlichem Ansatz setzen: DivDax und DaxPlus Maximum Dividend. Der DivDax (ISIN DE0002635273) wählt aus den 40 Aktien des DAX die 15 Werte mit der höchsten Dividendenrendite aus. Andere Kriterien wie Dividendenkonstanz und Wachstum werden nicht angelegt.

Unter den 15 Werten finden sich aktuell die Deutsche Telekom und die Finanztitel Münchner Rück und Allianz. Diese drei Aktien konnten in den vergangenen Jahren durchaus zulegen. Daneben gehören zum Portfolio des DivDAX aber auch Bayer und BASF sowie die deutschen Automobilbauer. Deren Performance ließ zuletzt deutlich zu wünschen übrig. So blieb der DivDAX über die vergangenen fünf Jahre hinter dem DAX und erst recht hinter dem MSCI World Index zurück. Dadurch sank die Bewertung der Finanz-Redaktion von lange konstant vier Punkten auf zuletzt drei Punkte.

Noch schwächer als der DivDAX schnitt in den vergangenen fünf Jahren der DaxPlus Maximum Dividend ETF von Deka (ISIN DE000ETFL235) ab. Er bezieht neben den DAX-Mitgliedern auch Nebenwerte ein, die zuletzt weit hinter den Standardwerten zurückblieben. Der ETF wechselt die Mitglieder halbjährlich aus. Ein Ziel dabei ist es, möglichst viele Ausschüttungen mitzunehmen und dadurch besonders hohe Ausschüttungsrenditen zu erzielen.

Dieses Ziel wurde zwar erreicht, aber die Strategie machte sich keineswegs bezahlt, weil die Kurse der Unternehmen mit besonders hohen Dividendenrenditen sehr schwach abschnitten. Entsprechend ging der Kurschart der Deka-ETF auf den DaxPlus Maximum Dividend in den vergangenen fünf Jahren sogar zurück. Inklusive der üppigen Dividenden blieb gerade mal ein Plus von knapp 20 Prozent über die vergangenen fünf Jahre. Die aktuelle Bewertung der Finanz-Redaktion liegt bei zwei Punkten.

Das Beste aus beiden Welten kombinieren

Anlegerinnen und Anleger profitieren bei der Investition in Aktien, Aktienfonds und Aktien-ETF von Kursgewinnen und Dividenden. Je nach Ausrichtung machen die beiden Komponenten unterschiedlich hohe Anteile an der Gesamtperformance aus. Als breite Grundlage empfehlen die Finanz-Expertinnen und -Experten der Stiftung Warentest weiterhin einen sehr breit streuenden internationalen Index-ETF auf den MSCI World Index. Er bietet aktuell rund zwei Prozent Dividendenrendite, obwohl die dort vertretenen bekannten Internet-, Software- und Biotechkonzerne traditionell mit Ausschüttungen knausern. Im Gegenzug überzeugten diese Werte in den vergangenen Jahren mit einer überdurchschnittlichen Performance.

Als Ergänzung zu dieser globalen Marktstrategie können Dividendenfonds oder ETF auf Dividendenindizes dienen. Anlegende profitieren von höheren Ausschüttungen als beim MSCI World Index. Seit der Finanzkrise blieben die Dividendenindizes zwar hinter dem marktbreiten MSCI World Index zurück. Aber es ist nicht auszuschließen, dass die niedriger bewerteten Value- und Dividendenwerte ähnlich wie nach der Jahrtausendwende ein Comeback feiern und dann auch einmal für längere Zeit besser abschneiden als die aktuell so hoch geschätzten und bewerteten Technologiewerte.

FAZIT: Auch bei Dividendenindizes kommt es auf eine möglichst breite Streuung an. Zudem sollte das Augenmerk auf die Dividendenqualität und das Dividendenwachstum gelegt werden. Die einseitige Ausrichtung auf aktuell hohe Dividendenrenditen in einem kleinen regionalen Segment lohnt sich dagegen nicht und kann sogar kontraproduktiv sein.

05

Entnahmepläne – genau geplant und gesteuert

Entnahmepläne für alle?

Ausschließlich von Aktienvermögen zu leben, ist möglich, aber es gelingt eher selten. Denn um dieses Ziel zu erreichen, muss schon ein annähernd siebenstelliges Polster vorhanden sein.

Den meisten Anlegerinnen und Anlegern mit durchschnittlichen und selbst mit überdurchschnittlichen Verdiensten in ihrer Berufskarriere ist das nicht vergönnt. Doch in der Regel verfolgen sie auch kein solch ambitioniertes Ziel. Sie wünschen sich im Alter ein attraktives Zusatzeinkommen. Das ist auch für Durchschnittsverdienerinnen und -verdiener erreichbar: Wer bis zur Rente regelmäßig angespart hat und dabei etwa ins Pantoffel-Portfolio investiert hat, kann seine gesetzliche Rente mit passivem Einkommen ordentlich aufpeppen.

Für wen sich Entnahmepläne lohnen

Wenn Sie kurz vor der Rente plötzlich durch eine Erbschaft, eine größere Abfindung des Arbeitgebers oder durch die Auszahlung einer Kapitallebensversicherung in den Genuss einer großen Geldsumme gekommen sind, befinden Sie sich finanziell in einer glücklichen Lage und sind in ihren Anlageentscheidungen sehr frei. Sie können ihr Kapital nach Art des Pantoffel-Portfolios auf einen Schlag oder in mehreren Tranchen investieren und anschließend über Entnahmepläne für regelmäßige zusätzliche Einkommen sorgen. Eine Alternative ist die direkte Investition in ausschüttende Investmentfonds oder ETF. Bei einem ETF auf den marktbreiten MSCI World Index können Anlegerinnen und Anleger mit einer Ausschüttungsrendite von rund zwei Prozent pro Jahr rechnen. Die speziell auf Dividendenstrategien ausgerichteten Investmentfonds und ETF kommen sogar auf Ausschüttungsrenditen zwischen drei und fünf Prozent.

Sind diese regelmäßigen Auszahlungen ausreichend, müssen sich Anlegerinnen und Anleger keine großen zusätzlichen Gedanken über ihre Strategie machen. Das Anlagevermögen dürfte durch die Kurssteigerungen der Aktien in den Indizes zusätzlich sogar wachsen. Das ermöglicht insbesondere nach guten Aktienjahren durchaus auch Einmalentnahmen für größere Anschaffungen, Renovierungen oder Urlaubsreisen. In der Regel bleibt nach dem Tod der Vorsorgenden für die Erbenden ein beträchtliches Vermögen übrig.

Wer nicht über Vermögen verfügt und auch keinen Geldsegen zu erwarten hat, muss im Laufe des Berufslebens Vermögen aufbauen, um sich im Alter eine Zusatzrente auszahlen zu können. Das ist der Regelfall. Wer frühzeitig damit beginnt, kann sich am Ende über ein stattliches Vermögen freuen – die langfristige Planung macht sich aufgrund von Zins- und Zinseszins bezahlt. Bei einer Rendite von rund sieben Prozent, die vom MSCI World Index in den vergangenen 40 Jahren sogar übertroffen wurde, verdoppelt sich das Kapital binnen zehn Jahren. Das heißt: Ein Euro, der vor 40 Jahren investiert wurde, war vor 30 Jahren schon durchschnittlich zwei Euro wert, vor 20 Jahren dann bereits vier Euro. In den folgenden zehn Jahren wuchs das Investment von vier auf acht Euro an – und heute ist es 16 Euro wert.

Beim Vermögensaufbau macht es Sinn, auf Auszahlungen zu verzichten, damit der Zinseszins richtig wirken kann. Wenn Sie über viele Jahre per ETF-Sparplan Vermögen aufgebaut beziehungsweise nach den Empfehlungen unserer Finanz-Expertinnen und -Experten Ihr Pantoffel-Portfolio angespart haben, dann haben Sie aus diesem Grund wahrscheinlich auf thesaurierende ETF gesetzt. Das bedeutet jedoch, dass Sie keine regelmäßigen, automatisch eingehenden Ausschüttungen aus Ihrem Vermögen erwarten können. Es wäre steuer- und renditeschädlich, das vorhandene Vermögen mit Renteneintritt von thesaurierenden in ausschüttende Anlageformen umzuschichten.

Aber keine Sorge: Eine Privatrente können Sie sich auch selbst auszahlen: per Entnahmeplan. Dabei können Sie wählen: Sie können Ihr Kapital erhalten, es schrittweise abschmelzen oder ganz aufbrauchen. Wenn Sie sehr lange leben und damit eine extrem lange Rentenphase haben, könnte das Kapital am Ende komplett aufgebraucht sein. Im Regelfall bleibt jedoch noch einiges für die Erben übrig. Ein Entnahmeplan funktioniert ähnlich wie ein Sparplan beim Vermögensaufbau – nur eben umgekehrt.

Das Pantoffel-Portfolio wird zur Pantoffel-Rente

Unter fünf verschiedenen Rentenmodellen können Sie für den Ruhestand wählen. Ob besonders einfache, mit Kapitalerhalt oder sogar Kapitalwachstum, oder ausgeklügelte Modelle, bei denen das Vermögen teilweise oder ganz aufgebraucht wird – Sie entscheiden.

Wenn Anlegerinnen und Anleger sich über Jahrzehnte ein Vermögen für den Ruhestand aufgebaut haben, könnten sie es sich sehr einfach machen und das Geld an eine Versicherung überweisen, die ihnen daraus eine monatliche Rente bis zum Tod zahlt. Versicherungsgesellschaften werben für dieses Konzept der Sofortrente. Viele Sparerinnen und Sparer wollen sich aber aus guten Gründen nicht auf dieses Modell einlassen. Denn die Rendite ist bei solchen Policen vergleichsweise gering. Zudem sind diese Renten als Leibrenten konzipiert, somit bleibt für die Kinder oder andere Erben nach dem Tod der Rentnerinnen oder Pensionäre nichts mehr übrig.

Im Regelfall deutlich lukrativer und vor allem sehr viel flexibler sind Entnahmepläne. Wenn Sie dabei umsichtig vorgehen, sind höhere monatliche Zuflüsse als bei privaten Rentenversicherungen möglich. Gleichzeitig bleibt für die Erben noch etwas übrig. Wie sie dabei vorgehen können? Ganz einfach: Das bewährte Pantoffel-Portfolio der Stiftung Warentest wird dabei zum Pantoffel-Entnahmeplan. Mit der passenden Entnahmestrategie erhalten sie regelmäßige monatliche Geldzuflüsse und behalten die Kontrolle über ihr Vermögen in den eigenen Händen.

Die Rentenzeit wird immer länger

Wer sein Vermögen im Alter nutzt, will das Beste daraus machen. Aber welchen Betrag kann man über 30 Jahre entnehmen? Wann ist er zu niedrig, wann zu hoch? Die simpelste Methode ist suboptimal: Man könnte sein Vermögen zum Rentenbeginn durch 30 teilen und dann jedes Jahr den gleichen Betrag entnehmen. Aber dann bleiben die Zinsen vom Tagesgeld sowie Dividenden und Kursgewinne der Aktien-ETF ungenutzt. Das freut die Erben, aber die Senioren hätten sich ein schöneres Leben machen können. Es ist auch nicht sinnvoll, nur auf die Durchschnittsrenditen der Vergangenheit zu schauen und die Auszahlungen damit auszurechnen. Im Schnitt hat der Aktienmarkt über 30 Jahre rund acht Prozent Rendite pro Jahr geliefert. Wer davon ausgeht, übersieht, dass die Rendite nicht Jahr für Jahr erzielt wurde. Bei starken Börsencrashs am Anfang eines Entnahmeplans wäre das Vermögen so vorzeitig aufgebraucht.

Die Stiftung Warentest hilft Ihnen bei der Entscheidung, welche Strategien im individuellen Fall am besten passen. Grundsätzlich gilt: Wer Entnahmestrategien folgt, wird mit deutlich größerer Flexibilität belohnt. Anleger können bei diesen Modellen auch jederzeit größere Summen entnehmen – etwa für Sanierungen des Wohnraums oder den Führerschein der Enkelin. Das geht bei einer Versicherung nicht. Zudem kann das im Pantoffel investierte Vermögen in guten Börsenjahren trotz der Entnahmen noch weiter wachsen. Bei vorsichtigen Entnahme-Strategien bleibt am Ende unter Umständen sogar mehr für die Erben übrig, als Sie ursprünglich bis Rentenbeginn angespart hatten. Gleichzeitig schützen die ausgefeilten Entnahmestrategien während des Rentenbezugs auch bei Börsencrashs vor größeren Rentensenkungen. Allerdings haben Entnahmepläne im Vergleich zu Rentenversicherungen auch einen Nachteil: Es gibt keine garantierte lebenslange Rente mit einer garantierten Mindesthöhe.

Wenn die Auszahlung nicht lebenslang garantiert ist, müssen sich Anlegerinnen und Anleger überlegen, wie lange die private Zusatzrente auf jeden Fall gezahlt werden soll. Wer nur die laufenden Erträge des Vermögens verbrauchen möchte, kann darauf verzichten. Aber alle anderen sollten sich fragen: Wie lange muss das Geld reichen? Diese Frage ist immer mit einer Unsicherheit behaftet. Wer 90-jährige Eltern mit bester Gesundheit hat, wird mit hoher Wahrscheinlichkeit alt und darf sich selbst auf eine relativ lange Lebenszeit einstellen. Aber auch alle anderen sollten darauf achten, dass am Ende der Zusatzrente nicht noch viel Lebenszeit übrig bleibt.

Anhand der Zahlen des Statistischen Bundesamtes lässt sich der Bedarf zumindest abschätzen. Aktuell hat danach ein 65-jähriger Mann im Durchschnitt noch weitere 18 Lebensjahre vor sich, eine 65-jährige Frau kommt auf 21 Jahre. Das ist allerdings nur ein Durchschnittswert. Rund die Hälfte der Menschen wird älter, die Zahl der 90- und 95-Jährigen nimmt durch den medizinischen Fortschritt stetig zu. Daher empfiehlt die Stiftung Warentest, einen großzügig bemessenen Puffer anzusetzen und mit 30 Rentenjahren zu rechnen. Wer später mit der zusätzlichen Rente anfängt oder aus anderen Gründen nicht so lange planen möchte, kann auch mit kürzeren Laufzeiten rechnen.

Entscheidung über die Anlagestruktur

Vor der Entnahmephase muss geklärt werden, wie das Vermögen angelegt werden soll, aus dem die Zahlungen entnommen werden. Dabei liegt es an Ihnen zu entscheiden, welche Anlageprodukte Sie nutzen wollen und welche Schwankungen Sie dabei tolerieren können. Bei großen Geldzuflüssen und einer damit verbundenen grundsätzlichen Neuorientierung vor der Rentenphase können Sie etwa zu besonders ausschüttungsstarken Dividendenstrategien greifen und entsprechende Fonds oder ETF wählen. Mit einer einfach gehaltenen Strategie können Sie dann die jährlichen Ausschüttungen nutzen, um Ihre Rente aufzupeppen. Zwar ist bei den Auszahlungen mit Schwankungen zu rechnen. Grundsätzlich aber entwickeln sich die Dividenden (und damit auch die Ausschüttungen) stabiler als die Aktienkurse. Je nach Sicherheitsbedürfnis können Sie die Dividendenkomponente mit einer Sicherheitskomponente kombinieren und einen Teil ihres Vermögens auf Tages- oder Festgeldkonten deponieren. Aktuell gibt es hier immer noch ein paar Prozent Zinsen. Wie lange das so ist, hängt von der Leitzinspolitik der Europäischen Zentralbank und vom Verhalten der Banken ab.

Wer sich im Ruhestand möglichst wenig um sein Depot kümmern möchte, kann das einfache Konstrukt des Pantoffel-Portfolios nutzen. Mit Mut zur Reduzierung der Komplexität wird das Geld in einen Welt-Aktien-ETF und ein Tagesgeldkonto angelegt.

Wer bereits ein Pantoffel-Portfolio hat, kann sein Depot in der Rente einfach ganz oder teilweise weiterlaufen lassen. Beim selbst gebauten Pantoffel-Portfolio wird je nach Risikoneigung der Aktien-ETF unterschiedlich hoch gewichtet. Defensive Anleger stecken 25 Prozent ihres Vermögens in den Aktien-ETF, offensive dagegen 75 Prozent. Für die meisten Anleger dürfte ein 50/50-Mix passen. Alternativ können sehr vorsichtige Anleger auch alles Vermögen in den Sicherheitsbaustein investieren. Ausgesprochen offensive Investoren setzen zu 100 Prozent auf Aktien-ETF.

Fünf verschiedene Entnahmestrategien im Check

Die Stiftung Warentest hat fünf unterschiedliche Entnahmemodelle entwickelt und getestet. Alle erfüllen ihre Aufgabe – mit unterschiedlichen Vorteilen und Nachteilen.

Die Stiftung Warentest hat in umfangreichen Simulationen alle Portfoliovarianten getestet. Dabei hat sich gezeigt, dass stabile Renten auch bei höheren Aktienanteilen möglich sind. Von der Wahl der Entnahmestrategie hängt es ab, wie hoch und wie stabil die monatliche Zahlung ist und welches Steigerungspotenzial sie hat.

Unsere Finanz-Expertinnen und -Experten haben fünf Modelle entwickelt, bei denen selbst bei sehr schlechten Börsenverläufen wie in der Finanzkrise oder in Null-Zins-Perioden wie in den Jahren vor 2022 das Geld bis zum Ende der geplanten Laufzeit reicht – oder auch länger.

Die ersten drei Varianten haben den Vorteil, dass sie einfach sind. Sie müssen nur einmalig eingerichtet werden wie die fixe Rente, können mit dem Taschenrechner ermittelt werden wie die flexible Rente oder fließen als Zins-und-Dividenden-Rente automatisch aufs Konto. Die Berechnung der weiteren Varianten, das sind die Rente mit Puffer und die lernende Rente, ist anspruchsvoller. Sie werden vorausschauend so kalkuliert, dass die Auszahlung auch in Crashphasen kaum sinken muss. Für sie stellt die Finanz-Redaktion Onlinerechner zur Verfügung, mit denen Sie ermitteln können, wie Sie den Betrag regelmäßig anpassen können (test.de/pantoffel-auszahlphase). Die gute Nachricht: Sie können ganz entspannt entscheiden. Es ist überhaupt kein Problem, die Strategie im Verlauf der Rentenphase zu wechseln.

Die fünf verschiedenen Rentenmodelle

Fixe Rente. Der einmal festgelegte Betrag läuft für immer aufs Konto. Das passt für alle Anlegerinnen und Anleger, die sich wenig kümmern wollen.

Flexible Rente. Wer direkt von gestiegenen Börsen oder Zinsen profitieren möchte, nutzt die flexible Rente. Das erlaubt höhere Renten in guten Börsen- und Zinszeiten. Im Gegenzug muss man aber mit schwankenden Rentenzahlungen leben können.

Zins-und-Dividenden-Rente. Wer das Vermögen am liebsten gar nicht antasten möchte, bezieht nur Zinsen und Dividenden.

Rente mit Puffer. Wer vorsichtig starten möchte, um für steigende Ausgaben im fortgeschrittenen Alter vorbereitet zu sein, setzt auf die Rente mit Puffer.

Lernende Rente. Für einen möglichst geschmeidigen Verlauf mit höherer Startrente und konstanten Steigerungen sorgt die lernende Rente. Ihr Algorithmus wird mit historischen Kursen gefüttert.

Den passenden Ansatz wählen

Die fünf Strategien nutzen Renditechancen und reichen mit sehr hoher Wahrscheinlichkeit bis zum Ende der gewählten Laufzeit.

Die Finanz-Expertinnen und -Experten haben für die vergangenen 30 Jahre die erreichten Renten berechnet. Es zeigt sich: Jedes Modell hat spezifische Vor- und Nachteile. So ist die Auszahlung pro 100 000 Euro Anlagesumme zwar zu Rentenbeginn in etwa ähnlich hoch. Bei der fixen Rente bleibt sie danach jedoch konstant.

Auch bei der Zins-und-Dividendenrente ist nicht mit größeren Steigerungen zu rechnen. Allerdings schwanken hier die Renditen in Abhängigkeit von den Ausschüttungen und dem jeweiligen Zinsniveau relativ stark. Beide Renten haben dafür Vorteile für die Erben: Für sie bleiben im Nachlass erhebliche Geldsummen. Die anderen drei Rentenformen er-

Fünf Entnahmestrategien

Was lohnt sich wie? Die fünf Renten-Entnahmestrategien im Überblick.

Entnahme-Strategie	Anfangsrente [1]	Steigerungspotential [2]	Endvermögen [2] [3]	Schutz vor Rentensenkung
FIXE RENTE	↗	—	↗	↗
FLEXIBLE RENTE	→	↗	—	↘
ZINS-UND-DIVIDENDEN-RENTE	↘	↘	↗	—
RENTE MIT PUFFER	→	↗	—	↗
LERNENDE RENTE	↗	→	→	↗

— Nicht vorhanden ↘ Gering → Mittel ↗ Hoch

1) Bezogen auf aktuell gültige Startrenten; 2) Basierend auf historischen Simulation über 30 Jahre; 3) Vermögen am Ende der 30 Jahre

So viel war in den vergangenen 30 Jahren drin

Ergebnisse für alle Rentenstrategien und alle Varianten des Pantoffel-Portfolios.

	Entnahme-strategie	Monatliche Entnahme (Euro) Beginn	Ende	Min.	Median	Max.	Endvermögen (Euro)	Rendite (Prozent p. a.)
DEFENSIV	Fix	306	306	306	306	306	127 603	4,2
	Flexibel	278	850	277	461	850	0	4,3
	Zins & Dividende [1]	303	368	65	194	438	148 267	3,7
	Puffer	278	983	276	423	983	0	4,2
	Lernend	306	990	302	448	990	10 009	4,2
AUSGEWOGEN	Fix	334	334	334	334	334	249 664	6
	Flexibel	278	1175	271	607	1175	0	5,8
	Zins & Dividende [1]	259	420	147	217	455	198 311	4,8
	Puffer	279	1474	274	534	1474	0	5,5
	Lernend	334	1081	325	462	1081	51 686	5,4
OFFENSIV	Fix	363	363	363	363	363	300 045	7,3
	Flexibel	278	1421	260	660	1421	0	0,7
	Zins & Dividende	214	442	196	266	462	246 140	5,5
	Puffer	279	1878	272	638	1878	0	6,6
	Lernend	363	1173	347	484	1173	108 059	6,6

Angaben auf Basis historischer Simulationen über 30 Jahre inkl. ETF- und Handelskosten, ohne Steuern. Annahmen: Tagesgeldzinsen entsprachen Fibor / Euribor. ETF-Renditen gleich MSCI-World-Index abzgl. 0,5 Prozent pro Jahr. Quellen: LSEG, eigene Simulationen. Stand: 31. August 2024

1) Vor 30 Jahren gab es hohe Zinsen, daher waren die Anfangsrenten relativ hoch.

lauben im Verlauf der 30 Jahre Rentenzeit höhere Ausschüttungen. Die Kehrseite: Das Vermögen wird aufgebraucht (flexible Rente, Puffer-Rente) beziehungsweise es bleibt deutlich weniger übrig (lernende Rente). Die Übersichtsgrafik auf Seite 115 hilft dabei, die Strategie zu finden, die am besten zu Ihren Bedürfnissen passt.

Ein Portfolio-Entnahmeplan ist einfach strukturiert. Ebenso einfach ist die Verwaltung und gegebenenfalls Anpassung. Mehr als einmal im Jahr ist es nicht nötig, sich mit der Rente zu beschäftigen. Dann wird geprüft, ob die Aufteilung des Pantoffel-Portfolios noch in das gewünschte Risikoprofil (defensiv, ausgewogen, offensiv) passt, und die Entnahme für das nächste Jahr berechnet. Die berechnete Jahresrente kann man dann auf das Girokonto überweisen. Auf Seite 115 präsentieren wir, wie viel bei welcher Strategie monatlich entnommen werden konnte. Für Jahreswerte wird das Ergebnis jeweils mit zwölf multipliziert.

Entnahmestrategien im Überblick

Die fünf vorgestellten Entnahmestrategien haben unterschiedliche Stärken und Schwächen. Die Übersicht hilft Anlegerinnen und Anlegern bei der Entscheidung, welche Strategie zu ihnen passt und ihre Bedürfnisse am besten erfüllt. Wer Wert auf möglichst stabile Zahlungen legt, schaut sich die Strategien mit gutem Schutz vor zwischenzeitlichen Rentensenkungen genauer an. Wer im Verlauf möglichst hohe Renten haben will, orientiert sich eher am Steigerungspotenzial. Wer seine Erben dagegen besonders bedenken möchte, achtet besonders auf das Endvermögen.

Fixe Rente: Dauerhaft feste Zahlung ohne Anpassung

Für Anleger, die ein Depot einrichten und sich danach eigentlich gar nicht mehr um ihre Zusatzrente kümmern wollen, wurde die fixe Rente berechnet. Diese fixe Rente entspricht dem Betrag, den Anlegerinnen und Anleger im schlimmsten aller bisherigen Börsen- und Zinsverläufe hätten entnehmen können, ohne ihr Vermögen vorzeitig aufzuzehren. Die Monatsrente wird für das Tagesgeld und den Aktien-ETF separat berechnet. Das Vermögen auf dem Tagesgeldkonto teilen Anleger durch die geplante Laufzeit in Monaten. Bei 30 Jahren also durch 360. Für die Rente aus dem Aktien-ETF orientieren sie sich an der Tabelle auf Seite 115. Sie wurde für ein Vermögen von 100 000 Euro berechnet. Wenn Sie nicht exakt über diese Summe verfügen, teilen sie ihr vorhandenes Vermögen durch 100 000 und multiplizieren es mit dem zur Laufzeit und Marktphase passenden Betrag.

WAS SIND MARKTPHASEN? Unter „Marktphase" ist zu verstehen, wie weit der Welt-Aktienindex MSCI World aktuell unter einem zuvor erreichten Höchststand liegt. Welche Marktphase aktuell gilt, können Sie auf unserer Webseite test.de/pantoffel-auszahlphase sehen. Die Analyse wird monatlich aktualisiert.

Bei schlechten Aktienmärkten sind die Startrenten höher als bei guten. Das klingt zunächst paradox, denn wenn wenig da ist, assoziiert man unmittelbar: Gürtel enger schnallen. Aber Sie planen ja langfristig. Und das bedeutet: Hat der Markt zum Start schon viele schwache Monate gesehen, ist die Aussicht gut, dass die Kurse bald wieder steigen – und Sie langfristig mit einem wachsenden Anlagevolumen rechnen können. Allerdings sollten Sie keineswegs auf einen Kursabsturz zu Beginn der Rente hoffen: Denn in der Regel haben Anlegerinnen und Anleger ja zu dieser Zeit schon über Jahrzehnte via Sparplan in Aktien-ETF investiert, sodass ein starker Kurseinbruch das angesparte Vermögen erheblich dezimieren kann. Die Renten fallen deshalb in schlechten Marktphasen pro 100 000 Euro etwas höher aus.

Wenn Rentnerinnen und Rentner die von unseren Finanz-Expertinnen und -Experten ermittelten Beträge anwenden, brauchen sie sich einige Jahre oder für immer gar nicht mehr kümmern. Die Höhe der fixen Rente wurde für die schlechtesten Aktienjahre der Vergangenheit errechnet. Die Wahrscheinlichkeit ist hoch, dass es kein weiteres Mal so schlimm kommt und dass am Ende einiges Vermögen übrig bleibt.

Die Höhe der Rentenzahlungen bleibt bei der fixen Rente konstant. Sie variiert je nach Aktienanteil. Bei einer betont konservativen Anlage allein im Tagesgeld hätte sie im 30-Jahres-Rückblick bei 279 Euro gelegen. Eine ausgewogene 50/50-Verteilung hätte immerhin 50 Euro mehr gebracht. Bei einer alleinigen Anlage im MSCI World Index wären noch einmal 50 Euro hinzugekommen. Auch diese 379 Euro pro 100 000 Euro Anlagesumme mögen nicht überragend hoch sein. Wegen der guten Entwicklung des MSCI World Index in den vergangenen Jahren wäre das Vermögen jedoch gewachsen. Bei einer 50/50-Aufteilung etwa hätten Anlegerinnen und Anleger trotz der Auszahlung von mehr als 100 000 Euro im Rentenverlauf nach 30 Jahren über 218 000 Euro verfügen können. Damit wären während der Laufzeit durchaus größere zwischenzeitliche Entnahmen möglich gewesen. Falls darauf verzichtet wurde, hätten sich die Erben gefreut.

Flexible Rente: Direkt von gestiegenen Kursen profitieren

Die fixe Rente ist eine sehr einfache Variante. Mit etwas mehr Aufwand als bei der fixen Rente ist bei anderen Entnahmestrategien deutlich mehr monatliche Rente möglich – zum Beispiel bei der flexiblen Rentenstrategie. Hier teilen Anlegerinnen und Anleger ihr gesamtes Vermögen jedes Jahr neu durch die Anzahl der verbleibenden Rentenjahre. Bei 100 000 Euro und 30 Jahren Entnahmehorizont ergeben sich zum Beispiel 3333 Euro für die Auszahlung im ersten Jahr, also 278 Euro im Monat. Im nächsten Jahr wird die Rechnung für die verbleibenden 29 Jahre wiederholt. Diese Rechnung erfolgt in jedem Jahr bis zum anvisierten Rentenende nach 30 Jahren.

Durch die jährliche Neuberechnung zu Jahresbeginn reagiert die Rentenhöhe direkt auf den Verlauf der Anlagemärkte im vorangegangenen Jahr. Nach einem Jahr mit steigenden Kursen und/oder hoher Verzinsung des Tagesgeldes können Sie bei dieser Rentenstrategie ihre Auszahlungen erhöhen. Ein Beispiel: Im Laufe des ersten Auszahlungsjahres haben sich die Börsen prächtig entwickelt. Trotz der abgeflossenen 3333 Euro stehen auf ihrem Vorsorgekonto 116 000 Euro zur Verfügung. Zudem müssen sie nur noch 29 Jahre statt 30 Jahre abdecken. Die jährliche Auszahlung: 116 000 Euro geteilt durch 29, mithin 4000 Euro. Sie können daher ihre monatliche Rente im zweiten Jahr des Entnahmeplanes von 278 Euro auf nunmehr 333 Euro steigern.

Nicht immer jedoch läuft es an den Börsen gut und in der Nullzinsphase brachte auch das Tagesgeldkonto keinerlei Zinsen. Nach schlechten Börsenjahren, die nicht durch Zinserträge ausgeglichen werden, müssen Sie bei der Wahl der flexiblen Rente auch ihre Zahlungen absenken. Nehmen wir das Beispiel oben und wandeln es ab. Im ersten Jahr liefen die Weltaktienmärkte danach gar nicht gut. Statt Gewinnen gab es im MSCI World Index rote Zahlen. Da zudem nur wenig Zinsen zuflossen, stehen Ende des Jahres nur noch 87 000 Euro zur Verfügung. Geteilt durch 29 Restjahre Rente ergibt sich eine Jahresrente von 3000 Euro, mithin nur noch 250 Euro monatlich im zweiten Rentenjahr.

Das Charmante an der Strategie der flexiblen Rente ist zum einen ihre Einfachheit: Es braucht nur einmal im Jahr einen Taschenrechner, um die Höhe der Zahlungen für das laufende Jahr zu berechnen. Zudem reagiert die Rente schnell auf das aktuelle Marktgeschehen. Steigende Kurse im MSCI World Index schlagen sich sofort in höheren Zahlungen nieder. In den meisten Jahren und im langfristigen Durchschnitt hat der Weltaktienindex eher zugelegt. Entsprechend hat diese Variante in den vergangenen Jahrzehnten die höchsten Rentenzahlungen ermöglicht. Bei einem ausgewogenen Pantoffel-Portfolio, das je zur Hälfte aus Tagesgeld und Aktien-ETF besteht, wären es bei 100 000 Euro in den vergangenen 30 Jahren zwischen 273 und 1077 Euro gewesen. Im Mittel waren es 613 Euro pro Monat und damit fast doppelt so viel wie bei der fixen Rente. Bei einer offensiven Variante mit 75 Prozent Aktien wären es sogar 668 Euro monatlich gewesen. Der Wermutstropfen: Die Rente schwankt stark. Im schlimmsten Fall hätte die Zahlung gegenüber dem Vorjahr um 27 Prozent abgesenkt werden müssen. Diese Variante empfiehlt sich nur für Personen, die nicht auf konstanten Einkommenszufluss angewiesen sind. Zudem wird das komplette Vermögen aufgebraucht, wenn die Vorsorgenden den Ablauf des 30-jährigen Entnahmeplans erleben.

Zins- und Dividenden-Rente: Von den Erträgen der Geldanlage leben

Viele Anlegerinnen und Anleger wünschen sich, nur von dem zu leben, was die Geldanlage an Dividenden und Zinsen abwirft, ohne den Grundstock anzutasten. Dieses Modell eignet sich insbesondere für Menschen, die nicht auf regelmäßige Einkünfte in bestimmter Höhe angewiesen sind oder die eine größere Summe vererben möchten. Da das Grundkapital nicht angetastet werden soll, sind die Möglichkeiten beschränkt. Während sich die Dividenden relativ stabil entwickeln, hängt die Höhe der monatlichen Zahlungen stark von der Verzinsung des Tagesgeldkontos ab.

Bei der Rückrechnung zeigt sich, dass die Zins- und Dividendenrente anfangs die stärksten Ausschüttungen lieferte. Das liegt daran, dass die Zinsen zu Anfang und Mitte der 1990er Jahre noch sehr hoch notierten. So betrug die erste Rente bei einem ausgewogenen Depot immerhin 300 Euro pro Monat, zu der das Tagesgeldkonto den Löwenanteil beisteuerte. Zwischenzeitlich waren sogar 556 Euro Rente drin. Insgesamt jedoch war die Rentenausbeute bei großen Schwankungen spärlich. In den schlechtesten Monaten gab es bei der ausgewogenen Variante nur 169 Euro. Auch der Mittelwert von 231 Euro pro Monat ist bei weitem der schwächste aller Varianten. Wenn die Anlegenden eine reine Tagesgeldvariante gewählt hätten, wären sie in vielen Nullzinsjahren sogar gänzlich leer ausgegangen.

Nur bei einem hohen Aktienanteil war zumindest in den letzten Jahren eine höhere Rente möglich. So lag die monatliche Durchschnittsrente bei einer Verteilung von 75 Prozent zugunsten der Aktien bei immerhin 329 Euro, bei reinen MSCI-Depots sogar 357 Euro. Für vermögende Anlegerinnen und Anleger, die mit stark schwankenden Bezügen klarkommen, ist die Zins-und-Dividenden-Rente eine Option. Da nicht aus der Substanz ausgeschüttet wird, bleibt am Ende der Laufzeit am meisten übrig: Mit einem ausgewogenen Pantoffel-Portfolio wuchs das Vermögen von 100 000 auf 242 000 Euro an, bei 100 Prozent Aktien sogar eine Summe von 457 000 Euro. Das liegt bei diesem Modell daran, dass man Kursgewinne nicht auszahlt, die es neben den Dividenden ja auch gibt.

Rente mit Puffer: Stabile Rente mit vorsichtigem Start

Schon vor einigen Jahren hat die Stiftung Warentest eine Strategie vorgestellt, die einen Verlustpuffer einkalkuliert, um die Rente nach Möglichkeit niemals abzusenken: die Rente mit Puffer. Den Realitätscheck hat diese Puffer-Rente inzwischen nachdrücklich bestanden: Während die Auszahlungsbeträge für eine flexible Rente bei einem Start kurz vor der Covidkrise deutlich abgesenkt werden mussten, blieb die Höhe mit dem Puffer-Modell konstant und stieg mit der Erholung der Aktienmärkte auch wieder an.

Der Puffer ist grundsätzlich umso höher, je besser die Börsen laufen. In der Phase des Booms ist die Sicherheitsmarge am größten. Hier wird im Modell eingeplant, dass schon morgen ein Crash das Aktienvermögen um 60 Prozent reduzieren könnte. Ist der Markt dagegen bereits um 20 Prozent gefallen, wird davon ausgegangen, dass der Markt nur noch um weitere 25 Prozent fallen kann. Daher wird der Puffer nun niedriger angesetzt. Nach einem ganz schlimmen Crash empfiehlt die Finanzredaktion, ihn sogar ganz wegzulassen. Diese Strategie führt dazu, dass die Renten umso niedriger starten, je höher der Aktienmarkt steht. Zu Rentenbeginn war deshalb die Puffer-Rente mit 269 Euro monatlich am geringsten.

Nicht nur Crashs kalkuliert der Puffer ein, sondern auch eine anschließende Erholung der Kurse. Unser Modell geht davon aus, dass sich der Aktienmarkt im Schnitt mit sieben Prozent pro Jahr entwickelt. Das sorgte in der Vergangenheit dafür, dass die Pufferrente bei einer ausgewogenen Allokation immerhin im Mittel 573 Euro einbrachte – das zweithöchste Ergebnis aller getesteten Entnahmestrategien. Das Puffer-Modell ist deutlich komplizierter als die drei zuvor vorgestellten Varianten. Das muss Sie jedoch nicht stören. Wer die Rente mit Puffer bevorzugt, muss den Markt nicht selbst analysieren. Einen Onlinerechner bietet die Finanz-Redaktion Ihnen unter test.de/pantoffel-auszahlphase. Laufen die Börsen gut, gibt es mit der Puffer-Strategie ordentliche Rentenerhöhungen, die auch hohe Inflationsraten ausgleichen können. Das ist besonders interessant für vorsichtige Rentner, die mit langfristig steigenden Kosten etwa für die Pflege rechnen. In dem Rentenverlauf unserer Modellrechnung gibt es zudem einen kräftigen Rentensprung nach 25 Jahren, also im fortgeschrittenen Alter, bei dem zusätzliche Pflegekosten auftauchen können. Der Grund für diesen Sprung auf bis zu 1364 Euro im ausgewogenen Modell und fast 2000 Euro im offensiven Modell: Im Puffer-Modell wird fünf Jahre vor Ende der geplanten Laufzeit das gesamte Vermögen aus dem Aktien-ETF verkauft und ins Tagesgeld eingezahlt. Bei einem guten Börsenverlauf vor dieser Verlagerung hat sich im Aktien-ETF ein erkleckliches Vermögen angesammelt und erlaubt eine deutliche höhere Rente in den folgenden fünf Jahren.

Anschließend wird die monatliche Rente nach der Strategie der flexiblen Entnahme berechnet und monatlich entnommen. Dabei wird also jedes Jahr das Restvermögen durch die Restlaufzeit geteilt. Falls die Anlegerinnen und Anleger diesen plötzlichen Rentensprung angesichts ihrer dann aktuellen Vermögenslage gar nicht brauchen oder ihre Rente für längere Zeit absichern wollen, gibt es Alternativen. So könnten sie etwa einen Teil des Restvermögens für einmalige Ausgaben nutzen. Möglich wäre es auch, die Rentenentnahmezeit zu verlängern – etwa von fünf auf zehn Jahre. Im Gegenzug fällt dann die monatliche Entnahme natürlich geringer aus.

Lernende Rente: Optimale Rentenhöhe mit Algorithmus berechnen

Anlegerinnen und Anleger, die neben der gesetzlichen Rente keine anderen Zusatzrenten haben, wünschen sich vielleicht schon bei Rentenbeginn höhere Zahlungen und konstante, aber nicht unbedingt extreme Steigerungen. Für sie hat die Stiftung Warentest mit der lernenden Rente ein neues Konzept entwickelt. Statt wie bei der Puffer-Variante einen künstlichen Crash- und Erholungsverlauf anzunehmen, füttern unsere Finanz-Expertinnen und -Experten den Algorithmus der lernenden Rente mit den tatsächlichen Kursverläufen der Vergangenheit. Für die Anlegenden ist damit keine zusätzliche Mühe verbunden. Die Rentenhöhe können sie bequem mit unserem Onlinerechner ermitteln, ohne die zugrunde liegende Berechnung nachvollziehen zu müssen.

So kommt unsere Finanz-Redaktion zu den Ergebnissen der lernenden Rente: Die jeweilige Entnahmemöglichkeit vom Tagesgeldkonto wird regelmäßig wie bei der flexiblen Rente berechnet. Das Vermögen wird einfach durch die Restlaufzeit geteilt, unter der Annahme, dass keine weiteren Zinsen fließen. Zwar gab es zuletzt auf Tagesgeldkonten wieder drei bis sogar vier Prozent Zinsen. Aktuell geht der Trend jedoch wieder in die gegenläufige Richtung. Zur größtmöglichen Sicherheit wird deshalb weiterhin vom schlechtesten Fall ausgegangen, also einem Nullzins.

Ausgefeilter ist die Berechnung für den Aktienbaustein. Die Auszahlung entspricht am Anfang der fixen Rente, die im schlimmsten historischen Fall über 30 Jahre entnommen werden könnte. Die Höhe der fixen Rente hängt davon ab, in welcher Marktphase sich die Börsen zum Zeitpunkt der Berechnung befinden – also wie weit der MSCI World Index unter einem vorigen Höchststand liegt. Beträgt der Abstand zum Beispiel mehr als 40 Prozent, wären es zum Start 585 Euro im Monat je 100 000 Euro im Aktien-ETF. Das war jedoch in der Vergangenheit nicht der Fall.

Die ausgewogene lernende Rente startete mit 331 Euro und erreichte in der Rückrechnung maximal 1071 Euro. Die durchschnittliche Rente lag bei 501 Euro. Anders als bei der fixen Rente, die immer bei dem Startwert von 329 Euro stagniert, wird die Auszahlung regelmäßig neu berechnet. Der Algorithmus berücksichtigt dabei die tatsächlichen Börsenverläufe und ermittelt Mindestrenten abhängig vom Marktstand. Diese erlernten Mindestrenten sind dann Basis für die auszahlbare Rente, ebenso wie das verfügbare Vermögen im Aktien-ETF und die Restlaufzeit. Entwickelt sich die Börse schlechter als bisher, werden die zulässigen Mindestrenten für die Zukunft abgesenkt.

Um eine möglichst kontinuierliche Rentensteigerung zu gewährleisten, hat die Finanzredaktion in den Berechnungen zudem maximal eine Rentensteigerung von 4 Prozent pro Jahr zugelassen. Selbst nach einem ausgesprochen guten Börsenjahr darf sich die Rente nicht stärker erhöhen. Wird die zulässige Steigerungsrate nach einem schlechten Jahr nicht ausgeschöpft, kann sie sich aber ansammeln. Wenn die Rente also in einem Jahr nicht steigen durfte, kann sie das im darauf folgenden Jahr theoretisch um bis zu 8 Prozent tun. Die Kappung sorgt dafür, dass die Renten im Vergleich zu anderen Varianten konstanter steigen – in den vergleichenden Charts deutlich sichtbar. Zudem bleibt so am Ende der berechneten Laufzeit noch ordentlich Kapital übrig.

Es bietet zum einen Sicherheit, falls man doch länger lebt als angenommen, und es kann zum anderen an Hinterbliebene vererbt werden. In den Simulationen hat die Finanzredaktion auch bei dieser Variante ein „Ablaufmanagement" eingebaut: Fünf Jahre vor Ende der geplanten Laufzeit von 30 Jahren wird das gesamte Vermögen auf das Tagesgeldkonto geschoben und dann nur noch entsprechend der flexiblen Rente

Welcher Rententyp sind Sie?

	Sofortrente	ETF-Pantoffel-Auszahlplan
Sicherheit	↑ Mindestrente nicht hoch, doch lebenslang sicher. Diese Sicherheit ist Ihnen wichtiger als Rendite.	↓ Lebenslange Zahlung ist nicht garantiert, wenn Sie älter werden als geplant. Rentenzahlungen können sinken.
Chance auf mehr	→ Versicherer muss Sie an Überschüssen beteiligen, die er mit Ihrem Geld erwirtschaftet. In Niedrigzinsphasen gibt es kaum welche.	↑ Sie profitieren von den Renditechancen der Aktienmärkte. Ihre Rente wird mit großer Wahrscheinlichkeit steigen.
Flexibilität	↓ Im Alter nicht nötig, sich aktiv zu kümmern. Damit aber weniger flexibel.	↑ Auszahlplan jederzeit änderbar, Entscheidung auf z. B. Sofortrente möglich.
Kosten	↓ Mittel bis hoch.	↑ Tagesgeld und ETF: minimale Kosten.
Steuern in der Auszahlphase	↑ Ertragsanteil Ihrer Rente wird besteuert. Die Höhe richtet sich nach dem Alter bei Rentenbeginn: mit 65 Jahren sind 18 Prozent steuerpflichtig.	→ Auf die in den Auszahlungen erhaltenen Erträge Ihrer Geldanlage zahlen Sie 25 Prozent Kapitalertragssteuer plus Soli und eventuell Kirchensteuer.
Kapitalwahlrecht	↓ Nur wenige Versicherer bieten es an. Kapitalzahlung mit Einbußen verbunden.	↑ Sie behalten die Hoheit über Ihr Geld, können stets größere Summen nutzen.
Hinterbliebenenschutz	→ Für Hinterbliebene zeitlich befristete Rentengarantie, Kapital- / Beitragsrückgewähr vereinbar (schmälert Ihre Altersrente).	↑ Sterben Sie, bekommen Ihre Hinterbliebenen den Rest Ihres Vermögens.

entnommen – wobei die Renten auch dann höchstens um 4 Prozent pro Jahr steigen dürfen.

Die lernende Rente klingt kompliziert, aber lassen Sie sich nicht abschrecken! Hier sollte nur die grundsätzliche Funktionsweise dieser Strategie erklärt werden. Die tatsächliche Rentenhöhe aber berechnet der Onlinerechner. Rentnerinnen und Rentner brauchen einfach nur die aktuell zur Verfügung stehenden Vermögenswerte für das Tagesgeldkonto und den Aktien-ETF sowie die gewünschte Restlaufzeit einzutragen. Der Onlinerechner zeigt Ihnen dann an, wie hoch die Rente ist, die sich für das nächste Jahr auszahlen lässt. Diese entnehmen die Senioren auch bei der Rente mit Puffer und der lernenden Rente zunächst aus dem Tagesgeld und lassen den Aktienanteil unangetastet. Bevor dann im nächsten Jahr die neue Rente ermittelt wird, sollten Anlegerinnen und Anleger prüfen, ob ihre Pantoffel-Aufteilung noch passt. Ist das nicht der Fall, stellen sie die Ausgangsaufteilung wieder her.

Pantoffel-Strategie in sechs einfachen Schritten

Das Pantoffel-Portfolio erlaubt Ihnen, Ihr Geld mit minimalem Aufwand anzulegen. Eine einmalige jährliche Überprüfung genügt dabei. Diese Anleitung zeigt Ihnen, wie es geht.

Schritt 1: Legen Sie Ihre Pantoffel-Aufteilung fest. Je nach Risikoneigung können Sie sich eher defensiv oder eher offensiv einordnen. Für die meisten ist ein ausgewogenes Portfolio mit einer 50/50-Mischung passend. Sehr defensive Anleger stecken das gesamte Vermögen ins Tagesgeld, sehr offensive Anleger 100 Prozent in Aktien-ETF.

Schritt 2: Eröffnen Sie ein passendes Wertpapierdepot. Ein günstiges Wertpapierdepot bei einem Online-Broker oder Neo-Broker können Sie weiter nutzen. Wenn Sie erst jetzt mit der ETF-Anlage anfangen möchten, nehmen Sie ein günstiges aus dem Depot-Vergleich der Stiftung Warentest (test.de/Depotkosten).

Schritt 3: Wählen Sie einen 1.-Wahl-Welt-ETF. Der Renditebaustein des Pantoffel-Portfolios besteht aus mindestens einem breit streuenden Welt-Aktien-ETF, der von uns als erste Wahl ausgezeichnet wurde. Solche ETF sind eine dauerhaft gute Basisanlage. Für ein ausgewogenes Portfolio mit 100 000 Euro kaufen Sie für 50 000 Euro ETF.

Schritt 4: Richten Sie sich ein Tagesgeldkonto ein. Die anderen 50 000 Euro legen Sie auf Ihr Tagesgeldkonto – oder Sie suchen dafür bei der Stiftung Warentest (test.de/Tagesgeld) eines mit Top-Konditionen aus. Das Tagesgeldkonto bildet den Sicherheitsbaustein. Auch die Rentenzahlungen werden vom Tagesgeldkonto überwiesen.

Schritt 5: Starten Sie Ihre Entnahmestrategie. In den Porträts der Strategien ist erklärt, wie Sie die Höhe der ersten Rentenzahlung ermitteln. Dabei hilft Ihnen unser Onlinerechner (siehe Artikel „Mit dem Pantoffel-Portfolio die Rente aufpeppen" auf test.de, Stichwort „Entnahmeplan", im Unterabschnitt „Rechner: So viel können Sie sich auszahlen".) Ausgezahlt wird fast immer vom Tagesgeldkonto. Anleger können sich den Betrag für ein Jahr auf einmal aufs Girokonto überweisen. Bei den dynamischen Strategien sollten Sie zudem einmal jährlich Ihre Rente für das nächste Jahr berechnen. Bei der flexiblen Rente reicht ein Taschenrechner, bei Puffer- und lernender Rente helfen unsere Onlinerechner.

Schritt 6: Checken Sie einmal jährlich Ihre Depotaufteilung. Einmal im Jahr (am Jahresende) sollten Sie prüfen, ob die Aufteilung Ihres Portfolios noch stimmt. Aktiv werden müssen Sie nur, wenn ein Baustein zehn Prozentpunkte von der gewünschten Gewichtung abweicht. Wenn etwa bei einem ausgewogenen Portfolio der Renditebaustein 60 Prozent ausmacht und das Tagesgeld nur 40 Prozent, sollten Sie etwas vom Aktien-ETF verkaufen. Damit füllen Sie das Tagesgeldkonto auf, bis wieder eine 50:50-Mischung hergestellt ist. Dabei hilft unser Onlinerechner unter: test.de/pantoffelportfolio, im Unterabschnitt „Rechner: Portfolio-Mischung prüfen".

4-Prozent-Regel: Zusatzrenten an die Inflation anpassen

Mit der 4-Prozent-Regel kann ein Entnahmeplan regelmäßig an die Inflation angepasst werden. Das funktioniert auch mit dem Pantoffel-Portfolio.

Haben Sie schon einmal von der sogenannten „4-Prozent-Regel" gehört? Sie ist für Anlegerinnen und Anleger interessant, die ihr Vermögen in der Rentenphase nutzen wollen, um zumindest teilweise davon zu leben. Diese Regel besagt, dass man bei einem ausgewogenen Depot aus Aktien- und Anleihefonds jährlich vier Prozent des anfänglichen Vermögens entnehmen kann und das Geld mit dieser Strategie mit Sicherheit für 30 Jahre reichen sollte. Der Clou dabei: Rentnerinnen und Rentner können die Auszahlung zudem regelmäßig an die Inflation anpassen, so dass der Kaufkraftverlust ausgeglichen wird und die Auszahlung real konstant bleibt.

Die 4-Prozent-Regel gilt noch

Die 4-Prozent-Regel stammt aus den 1990er Jahren. Das Jahrzehnt vor der Jahrtausendwende war weltweit (außer in Japan) eine sehr gute Periode für Aktienanlagen. Nach der Öffnung des Eisernen Vorhangs nahm die Globalisierung kräftig Fahrt auf und ließ die Unternehmensgewinne steigen. Getragen von der zusätzlichen Fantasie des neuen Internets zogen die Kurse in den USA, aber ebenso in vielen anderen Regionen an. Gleichzeitig brachten auch Rentenanlagen den Investoren auskömmliche Renditen. Denn die Zinskupons für Staatsanleihen lagen in den 1990er Jahren über dem aktuellen Niveau und damit natürlich noch viel weiter von den mageren Renditen in der vergangenen Nullzinsphase entfernt. Die Stiftung Warentest hat untersucht, ob die 4-Prozent-Regel heute noch anwendbar ist und zu den unterschiedlichen Varianten des Pantoffel-Portfolios passt.

Klar ist: Eine Inflationsanpassung ist selbst bei moderaten Preissteigerungen wie in den zwei Jahrzehnten von 2002 bis 2021 wichtig. In den 28 Jahren bis Ende 2021 ließ die Kaufkraft von 100 Euro um rund ein Drittel nach. Oder andersherum: Um dieselbe Kaufkraft zu haben wie 28 Jahre zuvor beim Einstieg mit 100 Euro, hätte man zum Jahresende 2021 rund 150 Euro monatliche Rente haben müssen. Bei einer konstanten Entnahme wäre die Rentenzahlung ohne Inflationsanpassung also deutlich weniger wert gewesen. Bei Inflationsraten wie im Jahr 2022 (6,9 Prozent) und im Jahr 2023 (5,9 Prozent) steigt der Kaufkraftverlust umso stärker an. Ende des Jahres 2023 waren die ausgezahlten 100 Euro Rente, gemessen an der Kaufkraft, nur noch weniger als 60 Euro wert.

Ergebnisse für das Pantoffel-Portfolio mit Vergangenheitsdaten

Es liegt nahe, für den Test der Strategie das Pantoffel-Portfolio zu nutzen. Die beiden Bestandteile sind ein breit streuender Welt-Aktien-ETF als Renditebaustein und Tagesgeld als Sicherheitsbaustein. Alle Varianten des Portfolios wurden getestet – 100 Prozent Tagesgeld, die defensive Variante mit 25 Prozent Aktien-ETF und 75 Prozent Tagesgeld, die ausgewogene Variante mit jeweils 50 Prozent Aktien-ETF und Tagesgeld, die vor allem für jüngere Menschen in der frühen Ansparphase von unseren Finanz-Expertinnen und -Experten empfohlene offensive Variante mit 75 Prozent Aktien-ETF und 25 Prozent Tagesgeld sowie die reine Aktienvariante mit 100 Prozent Aktien-ETF.

Um die 4-Prozent-Regel für alle Varianten des Pantoffel-Portfolios zu überprüfen, hat unsere Finanz-Redaktion seit Auflage des MSCI World Index im Jahr 1970 jeden Monat einen neuen 30-Jahres-Zeitraum starten lassen. Für jeden dieser Zeiträume wurde berechnet, wie hoch die monatliche Rente sein dürfte, damit das Vermögen über die anvisierten 30 Jahre reicht und der entnommene Betrag immer an die Inflation des Vormonats angepasst werden konnte.

Durch den extrem langen Zeitraum seit 1970 sind auch Verläufe mit jahrelangen Talfahrten an den Börsen enthalten oder Phasen, in denen es über Jahre kaum Zinsen gab. Selbst in solch ungünstigen Fällen musste das Geld bis zum Schluss der 30 Jahre reichen.

Das Wichtigste vorweg: Die Tabellen auf Seite 115 zeigen, dass Rentnerinnen und Rentner in den vergangenen 30 Jahren mit allen Varianten des Pantoffel-Portfolios auf der sicheren Seite gewesen wären. In diesem Zeitraum hätten sie jährlich zwischen vier Prozent des Ausgangsvermögens (reines Tagesgeld) und 6,5 Prozent (reiner Aktien-ETF) verbrauchen können. Das entspricht zwischen 337 und 541 Euro Ausgangsrente pro 100 000 Euro Anlagesumme, die jährlich an die Inflation angepasst werden konnten. Bei einer längerfristigen Betrachtung aller Zeiträume seit 1970 zeigt sich jedoch, dass die 4-Prozent-Marke beim offensiven Portfolio mit 3,8 Prozent und beim reinen Aktien-Portfolio mit 3,3 Prozent zwischenzeitlich gerissen wurde. Hier machen sich bei der Berechnung der Durchschnittsrendite die tiefen Börsenabstürze nach der Jahrtausendwende und im Zuge der Finanzkrise bemerkbar. Nimmt man die schlechtesten 10 Prozent der Zeiträume aus der Wertung, landen aber auch diese Varianten über der 4-Prozent-Marke. Und die allerbesten Renditen und Auszahlungen wären ebenfalls mit den offensivsten Varianten möglich gewesen. Wenn Sie auf ein langes Leben in Rente hoffen beziehungsweise wetten, können sie durchaus auch in der Rentenphase so viel Risiko akzeptieren.

Die defensive Variante hingegen hat angesichts der niedrigen Verzinsung in den vergangenen Jahren an Attraktivität eingebüßt. Das legt die Wahl der ausgewogenen Variante nahe. Hier zeigen die Berechnungen: Selbst im bisher schlechtesten Fall wäre mit einem ausgewogenen Pantoffel-Portfolio eine Entnahme von 4,3 Prozent möglich gewesen, ohne das Kapital vor Ablauf der 30 Jahre aufzubrauchen. Bei einem Vermögen von 100 000 Euro zu Beginn hätte das einer monatlichen Startentnahme von 357 Euro entsprochen, die man regelmäßig an die Inflation hätte anpassen können. Nach einem Jahr wäre der monatliche Betrag schon auf 371 Euro gestiegen. Nach 30 Jahren hätte er bei 977 Euro gelegen. Lässt man die schlechtesten zehn Prozent der betrachteten Anlagezeiträume außer Acht, wäre es sogar möglich gewesen, 4,8 Prozent des Vermögens pro Monat (397 Euro) für den Lebensunterhalt einzusetzen.

Im Mittel hätten Sie mit einem ausgewogenen Pantoffel-Portfolio mit einer jährlichen Entnahme in Höhe von 6,2 Prozent ihres Vermögens starten und diese Entnahme regelmäßig an die Inflation anpassen können. Pro 100 000 Euro hätten Sie sich damit zu Rentenbeginn 516 Euro ausbezahlt. Im besten Fall wären sogar 8,8 Prozent drin gewesen. Damit wären Sie mit einer Privatrente in Höhe von 730 Euro gestartet, die nach 30 Jahren auf satte 1433 Euro angestiegen wäre.

Für die Zukunft lieber vorsichtig kalkulieren

Sollten sich Rentnerinnen und Rentner für die eigene Ruhestandsplanung am Mittelwert orientieren? 6,2 Prozent oder 517 Euro Anfangsentnahme klingen zwar gut. Aber diese Entnahme erscheint riskant und wenig zielführend. Immerhin wäre in der Hälfte aller Fälle beim ausgewogenen Portfolio das Vermögen in der Vergangenheit vor Ablauf der 30 Jahre aufgebraucht gewesen. Mit 4,3 Prozent dagegen hätten Sie Ihr Ziel von 30 Jahren Privatrente erreicht. Und mit vier Prozent, also bei Einhaltung der 4-Prozent-Faustregel, hätten Sie mit hoher Wahrscheinlichkeit nach 30 Jahren sogar ein ordentliches Restvermögen übrig – zum Verbrauch oder zum Vererben. Unter der Annahme, dass es in der Zukunft nicht schlimmer wird als die schlechteste Kombination aus niedrigen Zinsen, schlechtem Börsenverlauf und hoher Inflation in der Vergangenheit, sind die vier Prozent also eine passende Entnahmestrategie.

Wer im Alter aber wirklich auf Nummer sicher gehen will, sollte vielleicht sogar selbst diese vier Prozent unterschreiten. Zwar ist der historische Doppelcrash aus Dotcom-Krise 2000 und Finanzkrise 2007/2008 in dem schlechtesten Verlauf enthalten. Allerdings fanden diese beiden Krisen jeweils nicht am Anfang der Entnahmeperiode statt. Es gibt noch keinen abgeschlossenen 30-Jahres-Zeitraum, der mit diesen beiden Krisen gestartet wäre. Börsenkrisen zu Beginn eines Entnahmeplanes verhageln das Ergebnis besonders stark, weil dann mehr Fondsanteile verkauft werden müssen, um damit die monatlichen Auszahlungsbeträge zu finanzieren.

Zwar haben sich die Börsen in den vergangenen Jahren und Jahrzehnten immer wieder erholt. Aber die Baissephasen konnten schon einige Jahre andauern. Nach einer dreijährigen Krise wie nach dem März 2000 sind dann deutlich weniger Fondsanteile vorhanden, die vom Wiederaufschwung profitieren und zum Gesamtergebnis beitragen können. Diese weniger gewordenen Fondsanteile müssen anschließend umso stärker steigen:

> **VERLUSTE UND NOTWENDIGER GEWINN: Sinkt ein Index um 10 Prozent, sind bereits 11 Prozent Gewinn für den reinen Ausgleich nötig. Wenn ein Index um 50 Prozent sinkt, etwa von 1000 auf 500 Punkte, muss er anschließend erst einmal um ganze 100 Prozent steigen, um allein wieder sein Ausgangsniveau zu erreichen.**

Auch die Zinssituation könnte zu mehr Vorsicht mahnen. Die Nullzinspolitik seit 2016 war bisher eine Sondersituation innerhalb der bisher betrachteten 30-Jahres-Zeiträume. Sie führt dazu, dass bei der reinen Tagesgeldvariante zuletzt die schwächste Entnahmemöglichkeit mit vier Prozent registriert wurde. Zwischenzeitlich sind die Zinsen auf dem Tagesgeldkonto zwar in den Jahren 2022 und 2023 deutlich gestiegen.

Aber nach den Leitzinssenkungen der Europäischen Zentralbank (EZB) im Jahr 2024 befinden wir uns auch im Frühjahr 2025 noch immer in einem leichten Abwärtstrend.

Für die mittlere Zukunft sind wieder längere Zeiträume mit einer Inflation nahe des Zieles der Europäischen Zentralbank von zwei Prozent vorstellbar. Das würde die Tagesgeldzinsen nachhaltig nach unten drücken. In einem solchen Szenario verspricht die Zinskomponente relativ wenige Beiträge zur Rendite. Diese Aussichten sprechen dafür, insbesondere bei den defensiven Strategien vorsichtiger zu planen und die 4-Prozent-Grenze zu unterschreiten. Ob 4,3 Prozent, 4,0 Prozent oder auch etwas weniger: Wie oft und stark Sie Ihre Strategie an die Inflation anpassen, entscheiden Sie selbst. Sie können die Anpassung monatlich, halbjährlich oder jährlich vornehmen. In „normalen" Zeiten mit Inflationsraten um das 2-Prozent-Ziel der Europäischen Zentralbank dürfte eine jährliche Anpassung durchaus ausreichen.

Wenn die Preise jedoch so stürmisch steigen wie in den Jahren 2022 und 2023, können Rentnerinnen und Rentner die Anpassung auch quartalsweise oder gar monatlich vornehmen, um den Kaufkraftverlust frühzeitig auszugleichen. Werden zum Start 5000 Euro im Jahr entnommen und das Preisniveau ist im gleichen Zeitraum um drei Prozent gestiegen, dann müssen im folgenden Jahr 5150 Euro entnommen werden. Bei monatlichen Schritten steigt die Entnahme bei einer Inflation zum Vormonat von 0,3 Prozent von 500 Euro auf 501,50 Euro.

Das Beispiel zeigt, dass die monatliche Anpassung in „normalen" Inflationszeiten eher unnötig ist. Die Stiftung Warentest stellt auf ihrer Website einen Onlinerechner bereit, mit dem Sie die Inflationsrate seit der letzten Anpassung berechnen können.

4-Prozent-Regel versus Entnahmestrategien

Die 4-Prozent-Strategie hat für Anlegerinnen und Anleger einen Vorteil: Sie ist denkbar einfach. Der jeweilige Betrag bleibt konstant, abgesehen vom Inflationsausgleich. Auch die Summe, mit der Sie starten können, lässt sich schnell berechnen – genauso wie die regelmäßige Anpassung. Zudem ist leicht zu planen, wie viel Kapital nötig ist, um ein bestimmtes Ziel zu erreichen. Wer 500 Euro zusätzliche Rente im Monat anstrebt, kann mit der 4-Prozent-Regel schnell berechnen, dass dafür ein Vermögen von 150 000 Euro nötig ist. 357 Euro als Anfangsentnahme bei der ausgewogenen Variante sind ein guter Start

Der Nachteil der 4-Prozent-Regel: Die Rente steigt zwar im Rahmen der Inflation, aber eben auch nicht mehr. Bleibt der Betrag abgesehen von diesem Kaufkraftausgleich konstant, ist die Wahrscheinlichkeit groß, dass die Renten zu niedrig angesetzt werden und ein großes Restvermögen bleibt.

Je nach Kapitalmarkt- und Zinsentwicklung wären jedoch höhere Rentensteigerungen über den reinen Kaufkraftausgleich hinaus möglich. Das ist bei einigen der fünf vorgestellten Pantoffel-Portfolio-Entnahmepläne deutlich erkennbar. Bei der flexiblen Rente etwa schlägt sich ein gutes Börsenjahr gleich in einer überproportionalen Rentensteigerung im folgenden Jahr nieder. Auch bei den dynamischen Strategien wie der „lernenden Rente" profitieren Anlegerinnen und Anleger im Regelfall von stärkeren Rentensteigerungen.

BESSERE ANPASSUNG: Die Berechnungen für die richtige Entnahmehöhe sind zwar komplizierter, aber die Stiftung Warentest hält das Modell der „lernenden Rente" für sinnvoller. Sie passt sich antizyklisch an den Börsen- und Zinsverlauf an. Somit bleibt die lernende Rente in der Regel bei fallenden Märkten konstant und steigt nach einem Börsenboom oder Zinsanstieg stärker an. Im Durchschnitt fallen die Rentensteigerungen bei der lernenden Rente damit höher aus als die Inflationsrate. Bei der lernenden Rente und auch allen anderen lässt sich die Entnahme jährlich mit unserem Onlinerechner einfach berechnen: test.de, Stichwort Entnahmeplan.

06

Steuern schmälern die Rendite

Steuerlast abmildern

Steuern lassen sich bei der Geldanlage nicht vermeiden. Sie fallen aber meist geringer aus als bei Arbeitseinkommen. Außerdem profitieren Anleger von Freigrenzen.

„Besser 25 Prozent von x als 42 Prozent von nix": Mit diesem Spruch argumentierte der damalige Finanzminister Peer Steinbrück für die zum Jahr 2009 eingeführte „Abgeltungssteuer". In den Jahren zuvor hatten Anleger ihre Zinsen, Dividenden und Spekulationsgewinne selbst in der Steuererklärung angeben müssen und dabei zuweilen die Steuerehrlichkeit vermissen lassen. Ihre Erträge unterlagen unterschiedlichen persönlichen Steuersätzen. Seit der Einführung der Quellensteuer dagegen gilt eine einfache Regelung: Auf die Erträge aus Zinsen, Dividenden und Kurssteigerungen werden einheitlich 25 Prozent Abgeltungssteuer plus 5,5 Prozent Solidaritätszuschlag und ggf. Kirchensteuer fällig. Die Abzüge erfolgen direkt an der Quelle, der depotführenden Bank.

Freibeträge für Eltern und Kinder nutzen

Durch Freibeträge können Sie kleinere Vermögenseinkommen steuerfrei kassieren. Kinder können sogar noch mehr sparen. Die Einführung der Abgeltungssteuer hat für viele Anleger die Versteuerung ihrer Kapitaleinnahmen vereinfacht und bei Zinseinkünften auch günstiger gemacht. Allerdings hat sie dem langfristigen Vermögensaufbau mit Aktien, Investmentfonds und ETF-Indexfonds einen fortdauernden Schaden zugeführt. In den Jahren davor nämlich waren zwar die Dividendenausschüttungen steuerpflichtig. Kursgewinne aus Aktien, Fonds und ETF dagegen waren nach Ablauf der sogenannten Spekulationsfrist (zunächst sechs Monate, zuletzt 12 Monate) grundsätzlich steuerfrei. Damit wurde der langfristige Kapitalaufbau (zum Beispiel für die Altersvorsorge) belohnt.

Auch jetzt gibt es noch Möglichkeiten, in gewissem Rahmen Steuern zu sparen. Denn bei der Besteuerung von Kapitalerträgen profitieren Anleger von Freibeträgen. Alleinstehende können Kapitalerträge bis zu 1000 Euro pro Kalenderjahr steuerfrei kassieren. Bei Ehepaaren verdoppelt sich der Betrag auf 2000 Euro. Dieser Freibetrag wird auch Sparerpauschbetrag genannt. Er gilt für die Einkünfte aus Zinsen und Dividenden, aber auch für Gewinne aus dem Verkauf von Aktien, Fonds, ETF und anderen Kapitalanlagen. Alle Kapitalerträge oberhalb des Sparerpauschbetrags unterliegen der Abgeltungssteuer und werden von dem kontoführenden Institut direkt an das Finanzamt abgeführt.

Damit die ersten 1000 beziehungsweise 2000 Euro an Kapitalerträgen automatisch steuerfrei bleiben, müssen Anlegerinnen und Anleger bei ihrer Bank einen Freistellungsauftrag stellen, den das Institut bei der korrekten Berechnung der Abgeltungssteuer berücksichtigen kann. Anlegende können ihren Sparerpauschbetrag auch splitten und auf mehrere Freistellungsaufträge bei verschiedenen Kreditinstituten verteilen. Insgesamt jedoch dürfen die Freistellungsaufträge die Summe von 1000 Euro (Einzelperson) beziehungsweise 2000 Euro (gemeinsam veranlagte Ehepaare) nicht überschreiten. Mit dem Freistellungsauftrag können Anleger ihre Ausschüttungen und Gewinne direkt behalten. Bei steuerpflichtigen Erträgen von 1000 Euro sparen sie also 250 Euro plus Solidaritätszuschlag. Aber auch ohne Freistellungsauftrag ist das Geld nicht verloren. Wer zu viel gezahlt hat, kann sich die Steuern über die Einkommenssteuererklärung zurückholen. Das ist jedoch mit zusätzlichem Aufwand verbunden.

Kinder können kassieren

Viele Eltern wollen für ihre Kinder ein kleines Vermögen aufbauen – als Starthilfe für den Führerschein, eine große Reise nach dem Abitur oder für die Finanzierung des Studiums. Die Geldanlage für und im Namen der Kinder ist steuerlich interessant. Ebenso wie Erwachsene verfügen auch Kinder über einen Sparer-Pauschbetrag von 1000 Euro bei Kapitalerträgen. Bis zu dieser Summe können Eltern für die Konten ihrer minderjährigen Kinder gesonderte Freistellungsaufträge erteilen. Doch der Steuervorteil für Kinder kann noch deutlich höher ausfallen. Kinder haben nämlich ebenso wie Erwachsene einen steuerlichen Grundfreibetrag. Dieser beträgt aktuell im Jahr 2024 11604 Euro. Dieses Einkommen ist grundsätzlich steuerfrei. Erst darüber muss Einkommenssteuer gezahlt werden. Weil Kinder und Jugendliche im Regelfall allenfalls geringe Zusatzeinkünfte haben, wird dieser Betrag selten überschritten und somit fallen für die Erträge aus der Geldanlage dann auch keine Steuern an.

Einkünfte oberhalb des Freibetrages von 1000 Euro müssen Eltern für ihr Kind über eine Einkommenssteuererklärung zurückholen. Bei der Steuererklärung werden die Kapitalerträge steuerlich dem Kind und nicht den Eltern zugerechnet. Die Eltern können für ihre Kinder auch eine sogenannte „Nichtveranlagungsbescheinigung" beim Finanzamt beantragen. Mit einer Nichtveranlagungsbescheinigung kann man sich von der Abgeltungssteuer auf Kapitalerträge freistellen lassen. Wichtig zu beachten: Wenn die Steuervorteile über und für das Kind genutzt werden, gehört das übertragene oder angesparte Geld den Kindern. Eltern können das angesammelte Kapital nicht für sich selbst ausgeben oder zurückverlangen. Das Kapital kann zwischenzeitlich nur für Ausgaben des Kindes genutzt werden – etwa für einen Schulaustausch im Ausland oder für den Führerschein. Zudem kann ein hohes Kapitaleinkommen der Kinder auch dazu führen, dass nach dem 18. Lebensjahr die Familienmitversicherung erlischt oder wegen des eigenen Vermögens kein Bafög-Bezug möglich ist.

Gewinn- und Verlustrechnung gegenüber dem Finanzamt

Das Finanzamt kassiert bei Gewinnen und Dividenden mit, aber einen Großteil der Arbeit übernehmen in der Regel die Depotbanken für Sie.

Ob Arbeitslohn aus einer Festanstellung, Einkommen aus einem Gewerbebetrieb, aus der Selbstständigkeit, aus der Vermietung oder aus der Land- und Forstwirtschaft: In der Steuererklärung steht jede Einkunftsart erst einmal für sich. Wenn Steuerzahlerinnen und Steuerzahler in einem Einnahmebereich Verluste erzielen, verrechnet das Finanzamt diesen Verlust ohne Einschränkung mit positiven Einkünften derselben Art. Ein Beispiel: Ein Vermieter besitzt zwei Mietwohnungen. Eine steht ein komplettes Jahr leer und wird saniert. Entsprechend fallen Verluste an. Dieses Minus kann mit den Mieteinnahmen der zweiten Wohnung verrechnet werden. Bleibt danach immer noch ein Verlust, wird der Verlust mit anderen positiven Einkünften wie dem Arbeitslohn verrechnet.

Bei Einkünften aus Kapitalanlagen ist diese Verrechnung nicht möglich. Kapitalerträge nehmen bei der Steuerveranlagung gegenüber anderen Einkommensarten eine Sonderstellung ein: Bei ihnen fällt nämlich grundsätzlich keine Einkommenssteuer an, sondern die 25-prozentige Abgeltungssteuer. Deshalb werden die Einkünfte aus Kapitalanlagen bei der Berechnung von Verlust-Verrechnungen getrennt von anderen Einkünften betrachtet. Positive Kapitalerträge oberhalb des Sparer-Pauschbetrags können Steuerzahler zwar mit Verlusten aus anderen Einkunftsarten verrechnen – also etwa mit dem Vermietungsverlust im Beispiel oben. Umgekehrt ist das jedoch nicht möglich. Das heißt: Verluste aus Kapitalvermögen können nicht mit positiven Beträgen anderer Einkunftsarten verrechnet werden.

Wenn Anlegerinnen und Anleger ihre Kapitalerträge nur bei einer einzigen Bank erzielen, ist die Gewinn- und Verlustverrechnung relativ einfach: Zunächst behält die depotführende Stelle Überblick darüber, ob die Geldanlagen Erträge abwerfen oder nicht. Bei Gewinnen führt sie die fällige Steuer an das Finanzamt ab. Wenn Sie als Anlegerin oder Anleger ein Wertpapier zu einem Preis unterhalb ihres Kaufpreises verkaufen, registriert die Depotbank aber auch den Verlust. Zum Verlust zählt nicht allein die Differenz zwischen Kauf- und Verkaufspreis, sondern auch die Nebenkosten beim An- und Verkauf wie Spesen der Bank und die Maklercourtage.

Die depotführende Bank führt für jeden Anlegenden zwei Verlustverrechnungstöpfe: Im ersten Topf werden die Verluste aus Verkäufen von Aktien, REITs und sogenannten Vollrisikozertifikaten mit Andienungsrecht geführt. Verluste aus Aktienverkäufen darf die Bank nur mit Gewinnen aus Aktienverkäufen verrechnen. Eine Verrechnung mit Dividenden oder Zinsen ist hier nicht möglich. Im zweiten Topf werden alle übrigen Verluste aus Wertpapieranlagen und Termingeschäften verzeichnet. Solche Verluste können Anleger mit sämtlichen positiven Kapitalerträgen ausgleichen, also auch mit Zinsen und Dividenden, Erträgen aus Investmentfonds und mit Gewinnen aus Aktienverkäufen.

Verluste bei verschiedenen Banken: Über die Steuererklärung verrechnen

Wenn Anlegende ihr Geld bei mehreren Banken angelegt haben, macht die Anrechnung mehr Arbeit. Eine Verlustverrechnung ist dann nur über die jährliche Steuerveranlagung möglich. Dazu müssen sie bis zum 15. Dezember des laufenden Jahres bei ihrer Bank eine Verlustbescheinigung als Ergänzung zur normalen Jahressteuerbescheinigung anfordern.

Ein Antrag ist für jeden Verlusttopf einzeln möglich. In der Bescheinigung teilt die Depotbank mit, welche Verluste sie bis Jahresende nicht ausgleichen konnte. Stellt ein Geldinstitut eine Bescheinigung aus, bucht es die Verluste aus seinen internen Töpfen aus und setzt den Topf damit auf „null".

Mit dem Verlust-Nachweis können Steuerpflichtige den Ausgleich über mehrere Depots beim Finanzamt beantragen. Bei der Verrechnung von Gewinnen und Verlusten aus unterschiedlichen Depots folgt das Finanzamt der gleichen Reihenfolge wie zuvor die Bank: Es betrachtet Aktiengeschäfte und Geschäfte mit anderen Anlagen getrennt. Zuerst gehen Verluste von den Gewinnen aus dem aktuellen Jahr ab. Dann kommen Verlustvorträge aus Altjahren zum Zug; anschließend wird der Sparerpauschbetrag berücksichtigt. Bleibt am Ende ein Überschuss aus Kapitalvermögen, belastet das Amt diesen mit Abgeltungssteuer. Hat die Bank bereits Steuern einbehalten, werden diese verrechnet.

Die Verluste aus Kapitalanlagen können unbegrenzt mit Gewinnen aus Kapitalanlagen verrechnet werden. In schlechten Aktienjahren verbleibt aber auch nach der Gegenrechnung ein Minus. Wenn die Verluste höher sind als die Gewinne, können Anlegerinnen und Anleger den verbleibenden Verlust auf die nächsten Jahre vortragen. Dafür gibt es keine zeitliche Begrenzung. Wenn im nachfolgenden Jahr Gewinne anfallen, braucht die depotführende Bank zunächst den Verlustvortrag und ggf. den eingereichten Freistellungsauftrag auf, bevor sie für die darüber hinausgehenden Gewinne Abgeltungssteuer abführt. Das gilt jedoch nur, wenn die Bank keine Verlustbescheinigung ausgestellt hat.

Quellensteuer bei ausländischen Aktien

Ein ausgewogenes Aktiendepot sollte sich nicht allein auf deutsche Aktien beschränken. Denn die Aktienmärkte in anderen Ländern Europas, in Asien und vor allem in den USA sind essenziell für eine breite Streuung über Branchen und Regionen. Das reduziert Schwankungen und verbessert das Rendite-Risiko-Profil einer Anlage.

Bei Dividendenzahlungen wird es aber etwas problematisch. Wenn Sie von deutschen Unternehmen Ausschüttungen erhalten, führt Ihre Depotbank auf die Dividendenzahlungen automatisch die Quellensteuer ab. Bei ausländischen Aktien aber schmälern Quellensteuern im Ursprungsland die Auszahlung. Die Quellensteuersätze variieren: In Großbritannien gibt es keine Quellensteuer. In anderen Ländern liegt die Quellensteuer zwischen 15 und 25 Prozent. Die USA verlangen 30 Pro-

Steuern auf Dividenden (in Prozent)

Land (Auswahl)	Quellensteuer	Erstattbar im Ausland	Anrechnung in Deutschland
Problemlos[1]			
Großbritannien	0	0	0
Niederlande	15	0	15
Österreich	27,5	12,5	15
Schweiz	35	20	15
USA	30 (15)[2]	15 (0)[2]	15
Aufwendiger: Mit Tücken verbunden[3]			
Dänemark	27	12	15
Finnland	35	20	15
Norwegen	25 (15)[4]	10 (0)[4]	15
Portugal	28	13	15
Schweden	30 (15)[4]	15 (0)[4]	15
Spanien	19	4	15
Hohe Hürden: Teuer oder langwierig[5]			
China	20 (10)	10 (0)	10
Frankreich	30 (12,8)[4]	17,2 (0)[4]	12,8
Italien	26 (15)[4]	11 (0)[4]	15

Stand: 26.09.2022. Quellen: BZSt / Eigene Recherche

1) Rückforderung nicht nötig oder einfach; Erstattungsformulare auf Deutsch, schnelle Bearbeitung.
2) Sofern die dt. Depotbank, bei der die Aktien liegen, bei den US-Steuerbehörden den Status „Qualified Intermediary" hat.
3) Erstattungsformulare zum Teil nur in Englisch; Antragstellung in Spanien nur online, zum Teil lange Wartezeiten.
4) Für registrierte Auslandsinvestoren.
5) Sehr hohe Gebührenansprüche notwendiger Dienstleister wie Depotbanken, jahrelange Wartezeit.

zent, die Schweiz sogar 35 Prozent. Demnach behält der Schweizer Staat, wenn Sie eine Aktie von Roche oder Novartis besitzen, von einem Franken Dividende 35 Cent ein.

Zusätzlich führt die Depotbank in Deutschland die Abgeltungssteuer ab. Sie liegt normalerweise bei 25 Prozent plus Solidaritätszuschlag. Allerdings kann aufgrund von Doppelbesteuerungsabkommen zumindest ein Teil der bereits bezahlten Quellensteuer angerechnet werden, allerdings maximal 15 Prozent. In den Niederlanden etwa beträgt die Quellensteuer zum Beispiel genau 15 Prozent. In Deutschland überweist die Depotbank dann zusätzlich 10 Prozent an das Finanzamt und der Steuerpflicht ist Genüge getan. Bei anderen Ländern wie der Schweiz zahlen Anleger aber zunächst insgesamt 45 Prozent, die 35 Prozent in der Schweiz und die 10 Prozent in Deutschland.

Die Differenz, im Schweizer Fall 20 Prozent, können sich Anlegende im Ausland zurückholen. Die Behörden erstatten zu viel gezahlte Beträge ausländischer Anleger in der Regel zurück. Allerdings geschieht das nicht automatisch. Anlegerinnen und Anleger müssen dafür im jeweiligen Land einen Antrag stellen, entweder in eigener Regie oder mit Unterstützung ihrer Depotbank. Sie haben dafür zwischen zwei und fünf Jahren Zeit. Die Form des Erstattungsverfahrens variiert je nach Land. Relativ problemlos sind die Erstattungen in den USA, der Schweiz, den Niederlanden und Österreich möglich. Schon aufwendiger sind Rückforderungen in Skandinavien oder auf der Iberischen Halbinsel. Nahezu unmöglich oder mit unangemessen hohem Aufwand verbunden sind Erstattungen aus China, Frankreich und Italien. Formulare und Infos zu den Erstattungsregeln in wichtigen Anlageländern gibt es beim Bundeszentralamt für Steuern. Informationen finden Sie auch auf unserer Homepage test.de. Bei Anlagen in Aktienfonds achten die Fondsmanager hingegen darauf, dass nicht zu viel Quellensteuer gezahlt wird. Das macht es für Anleger deutlich einfacher.

Vorabpauschale auf ETF und Fonds

2018 wurden die Regeln zur ETF- und Fondsbesteuerung geändert. Das hat sich wegen der Niedrigzinsphase aber erst im Jahr 2024 wirklich bemerkbar gemacht. Da mussten viele ETF- und Fondsanleger erstmals spürbar Steuern im Voraus zahlen. Nach den neuen Steuerregeln gelten alle Fondsanteile am 31. Dezember 2017 als fiktiv verkauft und an Neujahr als neu angeschafft. Deutsche Fonds zahlen seitdem auf bestimmte Erträge 15 Prozent Körperschaftssteuer – und können daher weniger an die Anleger ausschütten oder für sie reinvestieren. Die Sparer und

Sparerinnen bekommen zum Ausgleich Freistellungen von der Abgeltungssteuer, egal ob sie deutsche oder ausländische Fonds im Depot haben.

Warum es eine Reform brauchte

Die Körperschaftssteuer für die Fondsgesellschaften und die teilweise freigestellten Erträge aufseiten der Sparenden erweitern das 2009 eingeführte System der Abgeltungssteuer. Denn anders als bei Aktien geriet die automatische Besteuerung bei Fonds, die Erträge nicht oder nur teilweise ausschütten, an ihre Grenzen: Wenn diese sogenannten „thesaurierenden" Investmentfonds die Erträge im Vermögen wieder ansammeln, landet beim Anleger zunächst kein Geld. Steuerpflichtig war es trotzdem. Deutsche Fonds wiesen deshalb „ausschüttungsgleiche Erträge" aus und führten dafür Steuern ab.

Anders ausländische Fonds wie etwa viele Indexfonds (ETF): Von ihren Erträgen erfuhr das Finanzamt nicht automatisch und war auf die Ehrlichkeit der Anleger angewiesen, die sie in der Steuererklärung angeben mussten. Oft geschah das nicht – aus Unwissenheit, Bequemlichkeit oder Absicht.

Teilfreistellungen für ETF und Fonds

Als Ausgleich für die 15-prozentige Körperschaftssteuer auf Fondsebene erhalten Anlegende eine Entschädigung. Sie müssen nicht mehr auf die gesamten Erträge Abgeltungssteuer bezahlen, sondern nur noch auf einen Teil. Diese Teilfreistellungen gelten für alle Erträge, also inländische und ausländische Dividenden und Verkaufsgewinne – und auch für die Steuer auf die Vorabpauschale. Die Höhe dieser sogenannten Teilfreistellung hängt von der Fondsart ab:

Bei Fonds, die fortlaufend mehr als 50 Prozent in Aktien anlegen, bleiben Ausschüttungen an Privatpersonen zu 30 Prozent steuerfrei. 70 Prozent sind zu versteuern.

Bei einem Mischfonds mit wenigstens 25 Prozent Aktienanteil sind 15 Prozent steuerfrei.

Besitzer von Immobilienfondsanteilen bekommen eine Freistellung von 60 Prozent. Investiert der Fonds vor allem in ausländische Immobilien (zu mindestens 51 Prozent), sind sogar 80 Prozent steuerfrei.

Alle sonstigen Fonds und ETF mit einem Aktienanteil von weniger als 25 Prozent müssen voll versteuert werden, die Teilfreistellung beträgt null Prozent.

Vorabpauschale für thesaurierende Fonds

Für alle thesaurierenden Fonds gilt seit 2018 die sogenannte Vorabpauschale. Diesen fiktiven Ertrag ermittelt die Depotbank und rechnet ihn dem Kunden am ersten Werktag des nächsten Jahres zu. Die Vorabpauschale ist die Grundlage dafür, wie viel Steuern der Anleger oder die Anlegerin für das vergangene Jahr zahlen muss.

Die Vorabpauschale berechnet sich so: Wert des Fonds am Jahresanfang multipliziert mit 70 Prozent des sogenannten „Basiszinssatzes". Den Basiszins errechnet die Deutsche Bundesbank zum Jahresanfang. Der Basiszins war über viele Jahre nahe Null oder sogar negativ. Erst seit 2023 liegt der Zinssatz wieder deutlich über null – und deshalb mussten viele Fonds- und ETF-Anleger erstmals Anfang 2024 spürbar Steuern auf die Vorabpauschale zahlen.

Berechnung der Vorabpauschale

Anleger Mustermann hat 50 000 Euro in einen thesaurierenden Aktien-ETF angelegt. Der ETF hat im Kalenderjahr 2023 einen Gewinn von 3000 Euro erzielt. Wir nehmen einen thesaurierenden Aktien-ETF (Aktienanteil von mehr als 50 Prozent) an, der im Wert gestiegen ist. Anleger Mustermann ist kein Kirchenmitglied, es fällt also keine Kirchensteuer an.

Beispielrechnung der Vorabpauschale

Wert des ETF am 1. Januar 2023	50 000 Euro
Wert des ETF am 31. Dezember 2023	53 000 Euro
Wertsteigerung:	Ja (3000 Euro)
Basiszins für 2023	2,55 Prozent

50 000 Euro (Anfangswert) × 0,0255 (d.h. 2,55 Prozent Basiszins) × 0,7 (fester Faktor)

Vorabpauschale = 892,50 Euro

Der Basisertrag von 892,50 Euro ist niedriger als die Wertsteigerung des Fonds in Höhe von 3000 Euro. Damit ist der Basisertrag zu versteuern, nicht die Wertsteigerung des Fonds oder ETF.

Beispielrechnung:

Teilfreistellung für Aktienfonds und -ETF = 30 Prozent

0,3 × 892,50 Euro = 267,75 Euro

Zu versteuernde Vorabpauschale:

892,50 Euro – 267,75 Euro = 624,75 Euro

Kapitalertragssteuer und Soli = 26,375 Prozent
Zu zahlende Vorabsteuer:

624,75 Euro × 0,26375 = 164,78 Euro

Kunde Mustermann musste also Anfang 2024 Vorabsteuern in Höhe von 164,78 Euro zahlen. Verkauft der Anleger später Anteile seines ETF, verrechnet der Depotanbieter die dann anfallenden Steuern mit den bereits gezahlten Vorabsteuern. Auf diese Weise wird eine doppelte Besteuerung vermieden.

VORABPAUSCHALE VERMEIDEN: Vollständig vermeiden lässt sich die Zahlung der Vorabpauschale, wenn Anlegerinnen und Anleger einen Freistellungsauftrag erteilt haben und der Freibetrag noch nicht erschöpft ist. Mit dem Rechner auf unserer Homepage unter test.de, Stichwort Vorabpauschalen-Rechner können Sie ihre persönliche Belastung durch die Vorabpauschale berechnen.

Abgerechnet wird zum Schluss

Bei ausschüttenden und thesaurierenden Fonds fallen im Laufe der Haltedauer möglicherweise unterschiedlich hohe Steuern an. Das gleicht sich am Ende aber wieder aus. Denn mit der Reform haben sich auch die Regeln für den Verkauf von Anteilen geändert: Bei ausschüttenden Fonds erhalten Sparer über die Jahre Erträge aus dem Fondsvermögen, die sie versteuern. Die Wertsteigerung und der spätere Verkaufsgewinn fallen dann kleiner aus – und damit auch die darauf zu zahlende Steuer. Bei thesaurierenden Fonds sieht es anders aus. Ein niedriger Basiszins wie bis zum Jahr 2022 führt während der Haltedauer zu geringen Vorabpauschalen und entsprechend niedrigen Steuerzahlungen.

Da die wieder angelegten Erträge aber den Wert des Fonds steigern, ist beim Verkauf ein höherer Betrag zu versteuern. Die Vorabpauschalen werden auf den späteren Verkaufsgewinn angerechnet. Beim Verkauf

gleicht sich also bei beiden Fondsarten die unterschiedliche Steuerbelastung im Verhältnis zum Gesamtertrag aus.
Alle Verkaufsgewinne sind bei ausschüttenden und thesaurierenden Fonds durch die Teilfreistellung begünstigt. Wird ein Fonds mit Verlust verkauft, erhöht sich dieser Verlustbetrag durch die Anrechnung bereits versteuerter Vorabpauschalen.

Freibetrag für Altanteile vor 2009

Deutliche Nachteile hat die Investmentsteuerreform von 2018 für Sparerinnen und Sparer, die ihre Anteile vor 2009 erworben hatten. Solche „Altanteile" genossen vor der Reform einen Bestandsschutz. Für sie musste beim Verkauf keine Abgeltungssteuer bezahlt werden, allein laufende Erträge wie Dividenden mussten versteuert werden. Das garantierte Anlegern, dass sich die 2009 eingeführte Steuer nicht zu ihrem Nachteil auswirkte.

Das Versprechen wurde von der Großen Koalition gebrochen. Allerdings gibt es seit Anfang 2018 für die „Altanteile" einen großzügigen persönlichen Freibetrag von 100 000 Euro. Außerdem bleiben alle bis Ende 2017 aufgelaufenen Kursgewinne endgültig steuerfrei, nur Gewinne seit 2018 werden angerechnet. Es müssen allerdings schon einige Hunderttausend Euro im Depot liegen, ehe tatsächlich Steuern anfallen. Die meisten Kleinsparer dürften mit dem Freibetrag von 100 000 Euro auskommen. Ehepaare haben zudem für das gemeinsame Depot sogar 200 000 Euro frei.

Beim Verkauf behält die Depotbank jedoch zunächst Steuern ein. Das Finanzamt gewährt anschließend den Freibetrag, wenn der Anleger oder die Anlegerin den Verkauf in der Steuererklärung mitteilt, und erstattet den zu viel gezahlten Betrag. Auch Verluste, die mit Altanteilen ab 2018 entstanden sind und bei Verkauf realisiert werden, werden berücksichtigt. Sie lassen sich mit anderen positiven Kapitalerträgen verrechnen.

Erbschafts- und Schenkungssteuer: Frühe Planung hilft

Innerhalb der engen Familie gibt es beim Erben hohe Freibeträge. Durch Schenkungen kann Vermögen oft steuerfrei übertragen werden.

Anders als bei Immobilien lässt sich der Wert von Aktien, Fonds und ETF sehr einfach und genau berechnen. Wenn der Besitzer verstirbt, wird auf geerbte Wertpapiere grundsätzlich Erbschaftssteuer fällig. Die Höhe dieser Erbschaftssteuer hängt vom Wert des vererbten Vermögens und des Verwandtschaftsgrades zwischen dem Vererbenden und dem Erben ab. Im engeren und engsten Familienkreis gibt es hohe Freibeträge, so dass der Fiskus bei kleineren und mittleren Beträgen nicht zuschlägt.

Der allgemeine Freibetrag liegt für Ehepartner und eingetragene Lebenspartner bei 500 000 Euro. Das heißt: Wenn keine anderen Vermögenswerte wie Immobilien vererbt werden, sind Wertpapiere bis zu dieser Höhe für den Erbenden steuerfrei. Kinder, Stief- und Adoptivkinder können pro Elternteil bis zu 400 000 Euro ohne Abzug vom Finanzamt erhalten. Für Ehegatten und Kinder gibt es zusätzlich sogenannte Versorgungsfreibeträge für Rentenleistungen. Diese betragen bei den überlebenden Ehepartnern bis zu 256 000 Euro, bei Kindern bis zum 27. Lebensjahr maximal 52 000 Euro. Bei entfernteren Verwandten und anderen Erbenden schlägt der Fiskus dagegen schnell zu. Geschwister, Nichten und Neffen, Schwiegereltern, Stiefeltern, geschiedene Ehegatten und Partner einer aufgehobenen Lebenspartnerschaft, Freunde und Bekannte erben lediglich 20 000 Euro steuerfrei. Zudem gibt es für sie einen Freibetrag von 12 000 für persönliche Güter des Verstorbenen.

Hohes Vermögen – hohe Steuersätze

Für Vermögen oberhalb der Freibeträge fällt dagegen Erbschaftssteuer an. Je höher das steuerpflichtige Erbe, umso höher ist der Steuersatz. Wie die Freibeträge hängen auch die Steuersätze vom Verwandtschaftsverhältnis zum Erblasser ab.

Steuern bei Schenkung und Erbschaft

Verwandtschaftsverhältnis	Allgemeiner Freibetrag (Euro)	Versorgungsfreibetrag (Euro)[1]	Freibetrag für Hausrat (Euro)	Freibetrag für andere Güter (Euro)[2]
Steuerklasse I				
Ehegatten, eingetragene Lebenspartner	500 000	256 000	41 000	12 000
Kinder, Stiefkinder, Adoptivkinder, Kinder verstorbener Kinder	400 000	10 300 – 52 000[3]	41 000	12 000
Andere Enkel und Stiefenkel	200 000	0	41 000	12 000
Urenkel	100 000	0	41 000	12 000
Eltern, Groß- und Urgroßeltern[4]	100 000	0	41 000	12 000
Steuerklasse II				
Geschwister, Nichten und Neffen, Schwiegerkinder und -eltern, Stiefeltern, geschiedene Ehegatten, Partner einer aufgehobenen Lebenspartnerschaft	20 000	0	12 000[5]	
Steuerklasse III				
Onkel, Tanten, Lebensgefährten, Nachbarn, Freunde und andere	20 000	0	12 000[5]	

1) Gilt nur für Erbschaften, allerdings mindert sich der Versorgungsfreibetrag um den Kapitalwert von Hinterbliebenenrenten.
2) Zum Beispiel für Autos, Wohnmobile oder Boote, nicht für Goldbarren, Münzen, Briefmarken etc.
3) Kinder bis 5 Jahre 52 000 Euro, bis 10 Jahre 41 000 Euro, bis 15 Jahre 30 700 Euro, bis 20 Jahre 20 500 Euro, bis 27 Jahre 10 300 Euro.
4) Nur bei Erbschaften Steuerklasse I, bei Schenkungen Steuerklasse II mit den dort geltenden Freibeträgen.
5) Zusammengefasster Freibetrag für Hausrat, Wäsche, Bekleidung und andere bewegliche Güter.

Quelle: Eigene Recherche. Stand: Januar 2025

Für Ehepartner, Kinder, Enkel, Eltern und Großeltern gilt die Steuerklasse I. Hier werden oberhalb des Freibetrages für bis zu 75 000 Euro nur sieben Prozent Steuern fällig. Der höchste Steuersatz von 30 Prozent fällt bei nahen Verwandten erst ab einem ererbten Vermögen von 26 Millionen Euro an. Entferntere Verwandte wie Geschwister, Geschwisterkinder, Stiefeltern, Schwiegereltern, Schwiegerkinder oder geschiedene Ehepartner fallen in die Steuerklasse II. Der Steuersatz liegt hier von 15 Prozent (bis 75 000 Euro) bis zu 43 Prozent. Alle anderen verwandten und nicht verwandten Personen zahlen oberhalb der Freibeträge mindestens 30 Prozent, oberhalb von sechs Millionen Euro werden 50 Prozent fällig.

Ein Beispiel: Der 30-jährige Stefan P. erbt von seinem Vater nichts außer einem Wertpapierdepot im Wert von 450 000 Euro. Davon sind 50 000 Euro steuerpflichtig. Bei einem Steuersatz von sieben Prozent muss er 3.500 Euro ans Finanzamt entrichten. Von 450 000 Euro bleiben ihm demnach netto 446 500

Durch Schenkungen Steuern sparen

Wenn irgendwann größere Vermögen zur Vererbung anstehen werden, lohnt sich das Instrument der Schenkung. Grundsätzlich verlangt das Finanzamt zwar auch bei einer Schenkung Steuern, wenn das weitergegebene Vermögen die Freibeträge des Beschenkten übersteigt. Dabei gelten dieselben Steuersätze wie bei einer Erbschaft.

Aber die Schenkung hat gegenüber der Erbschaft einen entscheidenden Vorteil: Der Begünstigte kann seinen persönlichen Freibetrag alle zehn Jahre aufs Neue nutzen. Bei größeren Vermögen lohnt es sich, frühzeitig Schenkungen vorzunehmen. So muss der Beschenkte keine Steuern zahlen, wenn die jeweilige Zuwendung innerhalb der Grenzen seines Freibetrags bleibt.

Sie können damit also zum Beispiel an ein Kind alle zehn Jahre Wertpapiervermögen bis zu 400 000 Euro steuerfrei weitergeben. Es ist auch möglich, alle zehn Jahre mehrere Personen mit Schenkungen zu bedenken. Mit dem Instrument der Schenkung lassen sich auch Vermögen, die deutlich oberhalb der Freigrenzen liegen, unter Umständen gänzlich steuerfrei verteilen.

?!

Service

Glossar

Abgeltungssteuer: Die Abgeltungssteuer ist eine Kapitalertragssteuer, die seit der Steuerreform 2008/2009 auf alle Kapitalerträge erhoben wird. Zuvor waren Gewinne aus Aktien- und Fondsgeschäften nach Ablauf von Haltefristen steuerfrei. Mit der Abgeltungssteuer werden alle Gewinne aus Sparanlagen, Wertpapierverkäufen und Dividenden pauschal mit 25 Prozent besteuert. Hinzu kommt aktuell noch der Solidaritätszuschlag und ggf. Kirchensteuer. Bis zu einer Summe von 1000 Euro (Singles) und 2000 Euro (Verheiratete) sind die Erträge innerhalb des sogenannten Sparerpauschbetrags jedoch steuerfrei.

Ausgabeaufschlag: Der Ausgabeaufschlag ist eine Vertriebsgebühr, die beim Kauf von Fondsanteilen erhoben wird. Er markiert die Differenz zwischen dem Ausgabepreis und dem Rücknahmepreis eines Fondsanteils und liegt bei Aktienfonds im Schnitt bei rund fünf Prozent, bei Anleihefonds eher bei drei Prozent. Durch das Aufkommen der Direktbanken und Neobroker hat sich der durchschnittliche Ausgabeaufschlag jedoch stark verringert. Insbesondere im Rahmen von Rabattaktionen können sich Anleger mitunter ganz von Ausgabeaufschlägen befreien.

DAX: Abkürzung für den Deutschen Aktienindex. Der DAX ist der Leitindex des deutschen Aktienmarktes. Er bildet die Wertentwicklung der 40 wichtigsten deutschen börsennotierten Unternehmen ab. Der Anteil der einzelnen Werte hängt von der Höhe der Marktkapitalisierung ihrer Aktien im Streubesitz ab. Der DAX ist ein sogenannter Performanceindex. Das heißt: Dividendenzahlungen werden beim Index mitberücksichtigt. Der Deutsche Aktienindex wurde am 1. Juli 1988 eingeführt. Als Basis wurde der Wert von 1000 Punkten zum Jahreswechsel 1987/1988 festgelegt. Im Dezember 2024 überschritt der DAX erstmals die 20000-Punkte-Marke.

Dividende: Die Dividende ist der Anteil des Unternehmensgewinns, der an die Aktionäre ausgeschüttet wird. Über die Höhe der Dividende entscheiden die stimmberechtigten Aktionäre nach Vorschlag des Vorstandes auf der Jahreshauptversammlung. Die HV findet in Deutschland meist im Frühjahr statt und die Auszahlung erfolgt unmittelbar danach. In anderen Ländern wie etwa den USA werden Dividenden auch quartalsweise ausgeschüttet.

Dividenden-ETF: Bezeichnung eines ETF, der gezielt Unternehmen auswählt, die bestimmte Anforderungen an die Dividendenzahlungen erfüllen. Dabei werden aus einem vorgegebenen Index (etwa dem DAX) die Unternehmen mit den höchsten Dividendenrenditen in einem Dividenden-ETF (zum Beispiel DivDAX) zusammengefasst. Zusätzlich können Nebenbedingungen wie die Dividendenkonstanz angewandt werden.

Dividendenaristokrat: Die Bezeichnung Dividendenaristokraten verdienen sich in den USA Unternehmen, die mindestens 25 Jahre in Folge ihre jährlichen Ausschüttungen erhöht haben. Wer das sogar 50 Jahre hintereinander geschafft hat, ist ein sogenannter Dividendenkönig.

Dividendenfalle: Anleger tappen oft in eine sogenannte Dividendenfalle, wenn der Aktienkurs eines Unternehmens sinkt und die Dividende konstant bleibt oder weniger stark nachgibt. Rein optisch ergibt sich dadurch eine höhere Dividendenrendite. Dies ist jedoch meist nicht nachhaltig und führt oft zu einer negativen Gesamtrendite. Um eine Dividendenfalle zu vermeiden, ist eine sorgfältige fundamentale Analyse erforderlich.

Dividendenrendite: Die Dividendenrendite misst das prozentuale Verhältnis der jährlichen Dividendenzahlungen zum Aktienkurs. Sie wird berechnet, indem die Dividende pro Aktie durch den aktuellen Aktienkurs dividiert und dann mit 100 multipliziert wird. Die Dividendenrendite steigt bei einer Erhöhung der Ausschüttungen bei konstantem Aktienkurs, aber auch bei konstanten Ausschüttungen und sinkendem Aktienkurs.

ETF: Exchange Traded Funds sind börsengehandelte Indexfonds. Sie bilden die Wertentwicklung eines Index möglich eins zu eins ab, etwa den DAX, den Euro STOXX 50 oder den MSCI World Index. Via ETF können Anleger somit mit einem Wertpapier an der Wertentwicklung einzelner Märkte, Branchen oder auch der gesamten Weltwirtschaft partizipieren. Weil auf ein aktives Management verzichtet wird, sind ETF kostengünstiger als klassische Investmentfonds.

Ex-Dividenden-Datum / Ex-Dividenden-Tag: Das Ex-Dividenden-Datum ist das Datum, bis zu dem eine dividendenausschüttende Aktie gehalten werden muss, um eine Dividende zu erhalten. Der Ex-Dividenden-Tag ist der erste Handelstag nach der Hauptversammlung. Die Aktie wird dann

„ex Dividende" gehandelt. Gibt es zum Beispiel für eine Aktie im Wert von 50 Euro zwei Euro Dividende, notiert sie am Ex-Tag bei 48 Euro. In Deutschland ist der Ex-Tag der erste Börsentag nach der Hauptversammlung.

Euro STOXX 50: Der Euro STOXX ist der wichtigste Aktienindex der Eurozone. Er wurde 1998 kurz vor der Einführung des Euro aufgelegt und enthält die Aktien der wichtigsten 50 börsennotierten Unternehmen des Euro-Währungsgebiets. Als Auswahlkriterium für die Zusammensetzung gilt die Höhe der Marktkapitalisierung der frei handelbaren Aktien (Streubesitz). Der Index wird als Performance- und Kursindex berechnet. Im Gegensatz zum DAX ist beim Euro STOXX 50 der Kursindex die gängigere Variante. Neben dem Euro STOXX 50 gibt es den STOXX Europe 50, der auch europäische Unternehmen außerhalb der Eurozone enthält, etwa aus der Schweiz oder Großbritannien.

Freistellungsauftrag: In Deutschland kann jeder Sparer bzw. Anleger Kapitalerträge bis zu 1000 Euro im Jahr steuerfrei vereinnahmen, für Verheiratete verdoppelt sich der sogenannte Sparerpauschbetrag auf 2000 Euro. Bei vorliegenden Freistellungsaufträgen werden bis zur vereinbarten Summe keine Steuern auf erzielte Dividenden, Zinsen oder Verkaufsgewinne erhoben. Einen Freistellungsauftrag kann man in voller Höhe einer Bank erteilen oder auf mehrere Banken verteilen. Ohne Freistellungsauftrag muss man sich die Steuer über die Steuererklärung zurückholen.

Index: In einem Index werden die wichtigsten Wertpapiere eines Anlagemarktes gebündelt und in einer Zahl zusammengefasst. Die Wertentwicklung des Index dient als Marktbarometer und gibt den Anlegerinnen einen guten Überblick über die Entwicklung des Marktes. Die wichtigsten Aktienindizes sind der MSCI World Index, der S & P 500-Index sowie der Dow Jones Index, in Europa auch der Euro STOXX 50 und der DAX. Neben Aktienindizes gibt es auch Anleihe- und Rohstoffindizes.

Investmentfonds: Ein Investmentfonds ist ein Korb mit Wertpapieren, der von einer Fondsgesellschaft als Sondervermögen verwaltet und gemanagt wird. Ob Aktien, Anleihen, Rohstoffe, Immobilien, ob ausschließlich bestimmt Märkte oder Regionen oder global: Welche Wertpapiere in den Korb kommen dürfen, gibt der Fondsprospekt vor. Bei aktiv gemanagten Fonds sucht das Management dann aus diesem Anlageuniversum die nach seiner Einschätzung aussichtsreichsten Titel für den Fonds aus. Anleger, die in Fonds investieren, werden zu Miteigentümern am Fondsvermögen. Sie haben Anspruch auf die Fondserträge, etwa aus Dividenden, Zinsen oder Kursgewinnen.

KGV: Das KGV ist die gängige Abkürzung für das sogenannte Kurs-Gewinn-Verhältnis. Diese Kennzahl ist eine der wichtigsten im Bereich der Aktienanalyse. Es wird berechnet, indem man den aktuellen Kurs einer Aktie durch den erwarteten Jahresgewinn der Aktie teilt. Die Höhe und Entwicklung des KGV einer Aktie ist vor allem im Branchenvergleich und im historischen Vergleich aussagekräftig.

Kursindex: Ein Kursindex setzt sich im Gegensatz zum Performanceindex ausschließlich aus der Kursentwicklung der enthaltenen Aktien zusammen. Dividenden und andere Ausschüttungen finden keine Anrechnung. Kursindizes legen daher weniger stark zu als Performanceindizes. Auf die meisten Indizes werden beide Varianten berechnet, allerdings steht nur jeweils eine im Vordergrund des Interesses. Beim Euro STOXX 50 ist es etwa die Kursvariante, beim Deutschen Aktienindex DAX dagegen die Performancevariante.

Laufende Kosten: Die laufenden Kosten haben in den vergangenen Jahren die Kennzahl TER (Total Expense Ratio) abgelöst. Zu den laufenden Kosten gehören im Wesentlichen die Managementgebühr für das Fondsmanagement, die Kosten für den Wirtschaftsprüfer und die Betriebskosten. Handelskosten für Kauf und Verkauf von Wertpapieren und etwaige Erfolgsgebühren für das Fondsmanagement gehören nicht zu den laufenden Kosten.

MSCI World Index: Der MSCI World ist ein Aktien-Index, der knapp 1400 Unternehmen aus 23 Industriestaaten bündelt. Er ist nach Marktkapitalisierung gewichtet. Der Name täuscht deshalb auch über die Zusammensetzung. Da die US-Börsen und insbesondere die großen Tech-Werte sich am besten entwickelt haben, ist aktuell knapp 75 Prozent des Anlagevermögens in US-Werte investiert. Japan ist mit 5,2 Prozent vertreten, Großbritannien und Kanada mit 3,4 beziehungsweise 3,1 Prozent. Die großen EU-Volkswirtschaften Frankreich und Deutschland sind gerade einmal mit 2,4 beziehungsweise 2,1 Prozent vertreten.

MSCI World High Dividend Yield Index: Der MSCI World High Dividend Yield Index ist ein Auswahlindex auf Basis des MSCI World. Er umfasst Large- und Mid-Cap-Aktien aus 23 Industrieländern, die eine höhere Dividendenrendite ausweisen als der Mutterindex. Zudem werden Dividendenhistorie und Dividendenqualität geprüft.

Portfolio: Der Gesamtbestand aller Investitionen eines Anlegers wird Portfolio genannt. Zum Gesamtportfolio gehören nicht allein Aktien, sondern auch Investmentfonds und ETF-Aktienfonds, Anleihen, Immobilien, Rohstoffe und Edelmetalle, alternative Investments und Liquidität auf Tages- oder Festgeldkonten.

Rendite: Die Rendite beschreibt das Verhältnis vom Gewinn zum Kapitaleinsatz. Die einfache Formel: Gewinn × 100 / eingesetztes Kapital = Rendite in Prozent. Die Rendite wird im Regelfall für eine bestimmte Periode berechnet, etwa ein Jahr. Sie kann aber auch über einen längeren Zeitraum als kumulierte Gesamtrendite oder als Rendite pro Jahr (p. a.) ausgezeichnet werden.

Performanceindex: Ein Performanceindex berechnet die Gesamtrendite eines Index – also die Kursbewegung zuzüglich Dividenden. Der DAX 40 ist als Performanceindex konzipiert. Die großen US-Indizes dagegen sind reine Kurs- oder Preisindizes. Sie bilden also nur die Kursentwicklung der im Index enthaltenen Aktien ab.

Rebalancing: Je nach Risikopräferenz und gewählter Anlagestrategie wird ein Depot aus unterschiedlichen Wertpapieren und Anlageklassen zusammengesetzt. Beispiel: In einem ausgewogenen Depot betragen Aktien- und Anleiheanteil jeweils 50 Prozent. Wenn sich die Aktieninvestments besser entwickeln, wächst der Anteil der Risikopapiere schnell auf 60 Prozent oder mehr, das Risiko des Gesamtdepots ist also gestiegen. Mit einem Rebalancing wird die alte Depotaufteilung von 50:50 wieder hergestellt, indem der Anteil an Aktien reduziert beziehungsweise der Anteil an Anleihen aufgestockt wird.

S&P 500: Der Standard & Poor's 500, kurz: S&P 500, ist ein Aktienindex, der die 500 größten US-Unternehmen umfasst. Der Aktienindex wurde im März 1957 als Preisindex konzipiert. Für die Aufnahme im Index gelten strenge Anforderungen. So müssen die Unternehmen eine bestimmte Größe haben, seit mindestens einem Jahr gelistet und handelbar sein, im Schnitt der letzten vier Quartale schwarze Zahlen und im letzten Quartal schwarze Zahlen ausgewiesen haben, bevor sie sich für den Index qualifizieren. Der S&P ist nach Marktkapitalisierung gewichtet und gilt als Indikator für die Entwicklung der gesamten US-Wirtschaft. Er gehört damit zu den meistbeachteten Aktienindizes weltweit.

Thesaurierung: Wenn die jährlichen Erträge eines aktiv gemanagten Investmentfonds oder eines ETF automatisch wieder angelegt werden, spricht man von einem „thesaurierenden" Fonds. Diese Fonds tragen auch das Kürzel „acc" für accumulate. Das Gegenstück sind die „ausschüttenden" Fonds mit dem Kürzel „dis" für distribute. Thesaurierende Fonds lohnen sich vor allem bei langfristigen Sparplänen, weil Anleger vom Zinseszins profitieren. Ausschüttende Fonds sind wegen der Zusatzeinnahmen besonders in der Rentenphase gefragt.

Zinseszins: Albert Einstein soll den Zinseszins einst als achtes Weltwunder beschrieben haben. Der Zinseszins sorgt dafür, dass sich das Kapital über die Zeit überproportional vermehrt. Ein Beispiel: Wer 1000 Euro investiert und sieben Prozent Rendite per annum erzielt, hat nach einem Jahr ein Kapital von 1070 Euro, das sich wiederum mit sieben Prozent verzinst. Nach zehn Jahren hat sich das Kapital dank Zinseszins-Effekt verdoppelt.

Welt – Dividenden-ETF

Zehn ETF aus der Gruppe: Aktien Welt – Dividenden.

ETF				Kosten in % p. a.	Anlageerfolg	Rendite über ... Jahre (% p.a.)		
Anbieter	Nachgebildeter Index	Isin				10	5	1
Vanguard	FTSE All-World High Dividend Yield	IE00BK5BR626	T	0,29	●●○○○		8,7	23,9
Vanguard	FTSE All-World High Dividend Yield	IE00B8GKDB10	A	0,29	●●○○○	8	8,7	23,9
VanEck	Morningstar Developed Markets Large Cap Dividend Leaders Screened Select	NL0011683594	A	0,38	●●●○○		11,8	22,3
Xtrackers	MSCI World High Dividend Yield Low Carbon SRI Screened Select	IE000NS5HRY9	A	0,25				21,3
UBS	S&P Developed ESG Elite Dividend Aristocrats	IE00BMP3HG27	A	0,3	●○○○○	5,8	5,5	18,3
SPDR	S&P Global Dividend Aristocrats Quality Income	IE00B9CQXS71	A	0,45		6,4	5,3	27,1
SPDR	S&P Global ESG Dividend Aristocrats Quality Income	IE00BYTH5S21	A	0,45				26
Carne	Solactive Global Super-Dividend v2	IE00077FRP95	A	0,5				13,9
iShares	Stoxx Global Select Dividend 100	DE000A0F5UH1	A	0,46	●○○○○	6,4	6,3	22,6
Xtrackers	Stoxx Global Select Dividend 100	LU0292096186	A	0,5	●○○○○	6,6	6,5	23,2

ETF-Auswahl. T = Thesaurierend. A = Ausschüttend. Stand: 30.11.2024.
Quelle: FWW, LSEG, eigene Erhebungen und Berechnungen.

Deutschland – Dividenden-ETF

Vier ETF aus der Gruppe: Aktien Deutschland – Dividenden.

ETF				Kosten in % p.a.	Anlageerfolg	Rendite über ... Jahre (% p.a.)		
Anbieter	Nachgebildeter Index	Isin				10	5	1
Deka	DaxPlus Maximum Dividend	DE000ETFL235	A	0,3	●●○○○	1,4	1,3	2,6
Amundi	DivDax	DE000ETF9033	A	0,25	●●●○○		4,7	10,4
Amundi	DivDax	LU2611731741	A	0,25				
iShares	DivDax	DE0002635273	A	0,31	●●●○○	5,1	4,7	10,4

ETF-Auswahl. A = Ausschüttend. Stand: 30.11.2024. Quelle: FWW, LSEG, eigene Erhebungen und Berechnungen.

USA – Dividenden-ETF

Sieben ETF aus der Gruppe: Aktien USA / Nordamerika – Dividenden.

ETF				Kosten in % p.a.	Anlageerfolg	Rendite über ... Jahre (% p.a.)		
Anbieter	Nachgebildeter Index					10	5	1
iShares	DJ US Select Dividend	DE000A0D8Q49	A	0,31	●●○○○	10,7	10,6	36
Xtrackers	MSCI North America High Dividend Yield	IE00BH361H73	T	0,39	●●○○○	10,7	9,5	29,3
Xtrackers	MSCI USA High Dividend Yield Low Carbon SRI Screened Select	IE000V04SL39	A	0,25				26,5
First Trust	Nasdaq US High Equity Income	IE00BD6GCF16	T	0,55	●●○○○		12,7	33,7
UBS	S&P ESG Elite High Yield Dividend Aristocrats	IE000JQ2IJD3	A	0,2				22,9
SPDR	S&P ESG High Yield Dividend Aristocrats	IE00BYTH5R14	A	0,35				24
SPDR	S&P High Yield Dividend Aristocrats	IE00B6YX5D40	A	0,35	●●○○○	11,1	9,6	27,2

ETF-Auswahl. T = Thesaurierend. A = Ausschüttend. Stand: 30.11.2024. Quelle: FWW, LSEG, eigene Erhebungen und Berechnungen.

Stichwortverzeichnis

Q, R

S

T

U, V

W

X, Z

Heinz-Peter Arndt ist Diplom-Volkswirt und hat Journalistenschulen in Köln und Paris besucht. Seit 1994 arbeitet er als Wirtschafts- und Finanzjournalist u.a. für den WDR, Zeit, Handelsblatt, Wirtschaftswoche, Capital, Börse Online und Courage sowie als Ressortleiter Finanzen bei Bizz-Capital. Er ist Autor zahlreicher Finanzbücher.

Birgit Wetjen ist Absolventin der Kölner Journalistenschule für Wirtschaft und Politik. Sie ist Speakerin, Moderatorin und Buchautorin und hat viele Jahre für Capital, Börse Online, Wirtschaftswoche und n-tv gearbeitet. Seit 2021 ist sie die Chefredakteurin des Frauenfinanzmagazins Courage.

Die Stiftung Warentest wurde 1964 auf Beschluss des Deutschen Bundestages gegründet, um dem Verbraucher durch vergleichende Tests von Waren und Dienstleistungen eine unabhängige und objektive Unterstützung zu bieten. Mehr zu unserem Qualitätsanspruch und viele weitere Bücher finden Sie unter www.test.de.

Unser Umweltversprechen Wir haben für dieses Buch 100 % Recyclingpapier und mineralölfreie Druckfarben verwendet. Stiftung Warentest druckt ausschließlich in Deutschland, weil hier hohe Umweltstandards gelten und kurze Transportwege für geringe CO_2-Emissionen sorgen. Auch die Weiterverarbeitung erfolgt ausschließlich in Deutschland.

100% Recyclingpapier · Mineralölfreie Druckfarben

© 2025 Stiftung Warentest, Berlin
ISBN: 978-3-7471-0901-4

Stiftung Warentest
Lützowplatz 11–13, 10785 Berlin
www.test.de
email@stiftung-warentest.de
USt-IdNr.: DE136725570

Vorständin: Julia Bönisch

Programmleitung: Niclas Dewitz
Autoren: Heinz-Peter Arndt, Birgit Wetjen
Fachliche Beratung: Yann Stoffel
Projektleitung: Johannes Tretau
Lektorat: Sabine Hirschfeld, Hamburg
Korrektorat: Dirk Drews, Berlin
Grafik, Satz: Phillip Hailperin, Berlin
Verlagsherstellung: Rita Brosius (Ltg.), Romy Alig, Susanne Beeh
Druck: Fromm + Rasch GmbH & Co. KG., Osnabrück

Bei Fragen zur Sicherheit dieses Produkts wenden Sie sich bitte an:
gpsr@stiftung-warentest.de

Stiftung Warentest